佛法要領序

虛雲

戊子春夏之交。金弘恕居士。將其師劉洙源居士佛法要領一書。並往來函札數十通。彙而付諸梓。問序於衲。時方有事於雲門祖庭復興工作。不遑執筆為文字。未有以報。後二年。孫張清揚居士。復謀刊此書。重以序請。辭不獲命。乃為之詞曰。劉居士此書。寥寥萬言。闡述一代聖教。揭其旨歸。示初學以從入之途。明白精當。求之近人著述中。得未曾有。學者得此以為津梁。進探大藏。庶幾不致擔麻棄金矣。書中所言觀心一法。原係古法。但用之今人。微嫌不契。古人根利。單假觀照。便可直造心源。今人根器不及古人．若用觀照．每易沉觀不進。諸祖觀機設教。遂易以看話頭起疑情方法。俾行人疑至極處．忽然打破疑團 即得親見本來面目．不至沉滯修途．故近世宗門用功。每重疑情．觀照之法．遂鮮行用者矣。此就恒人而論。若果是過量大人．則直下承擔。便無餘事．說一觀字亦多矣。尚安用疑情為哉。此原書未及之處。學者不可不知也．至於修行之本末理體。劉居士書中言之極中肯要．當無俟衲之再贅矣．聞居士後出家受具戒。法名昌宗。且已圓寂．法運衰歇．哲人長逝。其感傷為何如哉．

雲門老衲虛雲序

佛法要領序

演本

自清季迄今。百有餘年間。四川出生兩聖者。一大儒劉止唐。一菩薩劉洙源。議者謂兩大德。乃不一不二。一願而前進。一人而兩現。此緣揣測之說不具論。請略述其實際之貢獻。劉公止唐。德性學力。出類拔萃。著易書詩·三禮春秋。五大部恒解·暨四書恒解。孝經直解。古本大學質言·與史存等傑作。共十一部。一百四十三卷。(國史列傳·成都印行。)劉公洙源·歷任四川大學教授。立德立言·純粹以精·深於佛學·暢讀諸經·別具法眼。於達摩初祖·直指人心·見性成佛之要旨·指示來學。慈悲痛切一片婆心。婉如印光大師之弘淨。分道揚鑣．浙江上虞金弘恕居士．與公有大因緣。一如莊生之於李老。金居士殷勤請示如鑰投鎖．於往還十八通書札中．剖示詳細．度盡金鍼．凡獨居無侶之士。得此一冊．如法修持．保證免入歧途．初版上海大法輪書局主任陳法香居士。協助流通。未幾四川第二次重版。又未幾。台灣印經處印行第三次版。第四次版．現在暹羅曼谷開始重刊贈送。中泰僧俗弘法願深．十方讚仰。推動法輪之無比。勇毅堅誠．如謝普揚廖振祥等諸大德．均大菩薩．弘誓大願。來此人間．昨謝居士來書云．此一種希有法寶。已在曼谷起印

囑記一言。僅進蕪辭二句如下

希有難聞之示導

一超直入之南鍼

演本老法師親筆

一九五五，三，三〇，演本敬誌於

金馬崙　三寶寺　退省關

此真百千萬劫難遭遇之法门也！

讀此書而尚不悟者，真屈殺己靈矣。

佛曆二四九八、四十、陳慕禪讀竟歡喜因題

劉洙源先生略歷

先生名復禮字洙源別號離明年七十三四川中江籍前清拔貢北京經科大學畢業長文學通三禮歷任四川高級師範成都大學四川大學文學教授棲心竺典澹泊自處創辦成都佛學社獨任講筵十餘載歸向者甚多尋退隱深山時應鄉邑之請講說不絕先生早歲精唯識曾著唯識學綱要數萬言海潮音社刊行之晚耽禪悅不喜著作只存講稿數篇門弟子展轉傳鈔得之者如獲至寶今徇弘恕請編次付印名曰佛法要領乃先刊于覺有情以結法緣然後製版流通以垂久遠先生遁世不求知故知之者甚少茲從陳法香兄言不得已違先生意略敘其概以作介紹

劉洙源先生遺像

出家號昌宗法師

弟子金弘恕謹述

又先生晚年出家法號上昌下宗一九五〇夏在白雲寺圓寂是夜寺上白光衝天遠近見者甚衆云詳載覺有情十一卷八期

佛法要領

四川中江劉洙源先生說　弟子王靖寰記

上編　四句要義

丙戌五月，中江劉洙源先生，道過廣漢，駐軍周參謀長朗清先生留請說法，先生以初未準備經論，說者聽者皆無依據，驟然印書，倉猝不能遽辦。乃曰：吾有四句要義一為何事？二依何義？三修何行？四悟何法？試為君等演說如何？僉曰：願樂欲聞，惟希說之。爰記先生所說于次，倘有錯謬，請教正之。

一為何事……明心見性

近來人心多好佛法，或家庭奉佛、或朝山燒香，或勤布施，或修供養，或受三皈，或守五戒，或誦經念佛，或持咒修法，或精研教理，或專修禪觀。種種不同，信佛則一。吾今欲發一問，諸君如是勤修，究為何事？勞身苦體，費精神，耗時日，而不辭。志願安在？彼將云：聞佛法奇特，吾故好之，世俗成風，吾從衆耳。余曰：此非答我所問。彼又云：欲脫苦耳。貧者欲求富饒，病者欲祈疾癒，困厄者希通達，沉淪者冀超昇。余曰：此言近似，尚非真實。彼又云：欲除業障耳。今生之苦，皆由前生惡業所招：今將去惡行善，以期業障消除，免受苦報。余曰：此言似矣，猶未盡也。彼又云：欲斷煩惱耳。人生造業，由煩惱起：今將斷滅煩惱，庶幾苦果不生。余曰：此言似矣，猶未盡也。彼瞿然曰：斷煩惱，除業障，離苦得樂，此乃佛法正宗，云何而猶未盡？布施持戒，禮拜供養，誦經念佛，持咒修觀，此乃佛法正行，云何而猶未盡？吾將以此自度度他，豈尚有遺憾耶？余曰：且稍安毋躁，當為子說之。大凡談理必窮根源，作事必問根由。子所談者，在佛法中非無其義。但是枝葉末節，若向這裏做去，立志雖佳，枉費精神。經云：「未知真實法，不名為布施。未知真實法，不名為供養。」余今例此，再作數語：未知真實法，不名為持戒。未知真實法，不名為禮拜。未知真實法，不名為誦經。未知真實法，不名為念佛。未知真實法，不名為持咒。未知真實法，不名為修觀。君未說到真實處，所以我不認可。經曰：「因地不真，果招迂曲。」又曰：「欲修大行，須知因地法行。」世人懵懜，不此之求，所以徒勞無益。今為君等發明真實，事半功倍，可乎？僉曰：願聞。曰：真實法者，吾人之心也。此心以有覺性，故謂之佛性。為萬法之本，故謂之法身。永不變易，謂之真如。性非虛妄，謂之實相。無所不知，謂之菩提。（菩提是正智，故無所不知。）寂靜不動，謂之涅槃。萬法之性，謂之法性。凡此種種名稱，皆是吾人真心之異名。人人本有，箇箇圓成，近在心內，無勞遠求。成佛作祖，是此一心。宗門謂之明心見性，心卽性也。（心性是一，出華嚴經。）所謂真實法者，卽此心也。我輩人人有心。而不自知，長劫受苦，豈不可憐！學佛無他，明心見性而已。（明悟自心，徹見本性。）如果明心見性，煩惱不待斷而自斷，業障不待除而自除，諸苦不待滅而自滅。三寶不言供養，而已供養自心三寶．布施不施一金。而其所施勝過七寶。不持咒而自得印明，不誦經而十二部經無不通利。若從根本下手，果大功高如是，君等奈何不圖？先德云：衆生依業有，業依惑有，惑依識有，識依心有。心是最終究竟處，不通此一著，意識長在，煩惱旋斷旋生，業障旋消旋萌，苦果永遠不除。譬如伐木，去其枝葉，來年又生，有何了期？若斷根蒂，永不再發。是故佛說未知真實法，不名為布施供養者，意在策勵世人，知真實處，在吾自心。（此義出華嚴經，及般若經，其文甚廣，可研閱之。）不然，修因無果，何以故？果在真實處故。不然，經云：「心是惡源，形為罪藪」（此心是識心，與上真心別）倘未明白真實所在，如何能斷煩惱。除業障。出苦海耶？為何事者，為求明心見性也。

二依何義……依二空義

吾人已知佛性卽是自己真心，然則真心體相究竟如何？曰：真心無性，其體是空，故曰真空：其相如虛空。如虛空有二義：一如虛空不動搖，二如虛空徧滿一切國土。永明禪師云：（真心自體，非言所詮，湛若無際之虛空，瑩若圓明之淨鏡，毀讚不及，義理難通。）世人不知真心廣大圓明，妄謂此心在我身內，所以長劫輪迴，受苦無窮。今欲明白自己真心，第一莫認四大假合之身為真；第二莫認六塵緣影之心，以及山河大地為實。佛法入門，有二要義：一者眾生空，二者萬法空，眾生不空，謂之我執。萬法不空，謂之法執。何謂我執？謂我能主宰是也。主宰卽是意識，非真有我。如果我能主宰，誰人肯入地獄：甘做畜生餓鬼？故知身中無我，全是意識分別執著。意識是生死根本，急宜斷除，不可姑息。所以大乘菩薩先修無我觀，以得人空。何謂法執？

法者內之五根，（眼耳鼻舌身）外之五塵，（色聲香味觸）皆是四大（地水火風）造成，謂之色法。受想行識，謂之心法。色心二法，其性皆空，衆生不知，認為實有，起惑造業，生死不絕。佛法教人修法空，法空者，卽空六根六塵六識諸法也，悟一切法，皆無自性，其體本空，名得法空。世人皆為我執法執所蔽，所以不知自己真心，大乘法門，若要悟心，先須信入人空法空之理。千經萬論所說法義，不外二空。若能信入，則悟心有期，剎那成佛。若不信此二空，尋求福報，是門外漢，決不能得佛法利益。云何知無我耶？如果我能主宰，則臨命終時，妻室財產皆可攜去，何故不能？天上樂土，作惡之人皆可往生，何故不能？二俱不能，主宰安在，且一人之身，六根均動，豈有六我耶？如以六根為我，死者六根尚存，何以不能行動？故知無我。經云：（一切衆生，皆由著我，若離此著，則無生處。）云何知無法耶？根身器界，在人類共業同分中，見以為實；餘五道中，各有不同。可見六道之中，各各自變六塵境界，皆由業識所造，安有定法？故知一切人事營為，都是業風驅遣，識心所生，猶如夢幻泡影，空而不實。經云：（不知諸法空，恆受生死苦，）若能悟入二空，便證無生法忍，即得阿耨多羅三藐三菩提。由是

言之，學法，唯學二空之義·

三修何行……修般若行

佛法要領，不出教理行果。教理卽蘊處界諦緣起，如上一心二空說·果則十力，四無畏，十八不共法等。知教理而欲得果，非起行不能辦。今當論行，行有萬端，以六度為總經中自在說法，或說一行：發菩提心是。或說二行：曰智慧，曰方便。或說三行：曰戒定慧。或說四行：曰四居處。四居處者，一慧·二戒·三施·四定·或說五行：布施，持戒，忍辱·精進，止觀。或說六行，曰六度。六度者，布施·持戒·忍辱·精進·禪定·般若·行門雖多，六度括盡·此六度義，有無量門。茲略說三門：一六度義相，二六度所對治，三六度能入理，云何義相？萬行俱從菩提心流出，合之為菩提心，分之為六度。無顧戀心為布施，無持犯心為持戒，不忤一衆生為忍辱，念念不斷為精進，心不流動為禪定，知萬法空為般若。云何對治？對治六道，出三界輪迴故。立施度，對治餓鬼道。立戒度，對治地獄道。立忍度，對治畜生道。立精進度，對治修羅道。立禪定度。對治人及六欲天。立般若度。對治色無色界天。云何入理？隨順法性故。法性體無慳貪，立施度。法性離五欲，立戒度。法性離瞋惱，立忍度。法性離懈怠，立精進度。法性常定，立禪定度。法性離無明。立般若度。此六度法，要以般若為主。經云：（五度如盲，般若如眼。）布施無般若，惟得一世榮，後受餘殃債。持戒無般若，暫生上欲界，還墮泥犂中。忍辱無般若，報得端正形，不證寂滅忍。精進無般若，徒興生滅功，不趣真常海。禪定無般若，但行色界禪，不入金剛定。萬善無般若，空成有漏因，不契無為果。據瑜伽，菩薩行有四：一六度行，二道品行，三四攝行，四神通行。要之，俱以般若為主。佛法雖分大乘小乘一乘三乘，四諦悉已括盡。世間因果，為苦集二諦。出世因果，為滅道二諦。滅為佛果，道為菩薩行。般若為道諦體，故般若為要行。

四悟何法……悟緣生法

學教參禪，俱圖大徹大悟，徹悟之境，卽是無生法忍。學人一心求悟，究竟悟何種法耶？曰：悟緣生法，何謂緣生法？曰：緣生法者，因緣所生之法也。一切諸法，緣會則生，緣散則滅；非有而有，幻相不實；有卽非有，當體是空。曰：緣生之相，既是虛妄，云何悟相便為登峯造極耶？曰：見性不真，不能了相；見性真實，便能了了見森羅萬象，都是自己本性上因緣所生，謂之妙有。故學法要著，須明緣生性空。若見緣性，則脫緣縛。（緣性者，緣生之性，卽是佛性。十二因緣是輪回相，佛性是輪回性，見佛性則輪回頓斷。緣縛者，卽是十二因緣輪回之縛也。）故證性卽了緣，了緣生卽證入真性，是一事也。大乘學人，入門便教觀緣生法，為將來悟入正因起見。此義云何？佛法以空為主，說空以因緣為宗，因緣卽是緣起義。（緣起卽緣生）凡夫不信，外道不知，小乘權教雖知而不徹底，唯大菩薩學佛乘者最須於此著眼。何也？佛說心地，乃說二空，無緣生義，二空不成。人之識心，造善惡業，故有昇沈：而其真心本來不動，識心為累，枉受輪回。當知惑業苦三，皆由因緣所生，緣生性空，故曰人空。根塵亦是因緣所生，根塵無性，一切是空，故曰法空，若無緣生之義，人法俱實，真心不顯。有緣生義，人法俱空，真心顯現，得本法身，卽為佛果。法身如虛空，故曰真空。真空體內，十方微塵剎海一切俱現。故涅槃經云：（佛性者第一義空，第一義空者卽是智慧。）又深密經云：（若不了知無相法，雜染相法不能斷，雜染相法不斷故，壞證微妙淨相法。）若能悟入緣生，卽證無生法忍，卽是大徹大悟。大乘學人，當如是行，勉之勉之。

佛法要領

四川中江劉洙源先生說　弟子廖寂慧記

中編　發菩提心

已說四句要義竟。由初句，知唯心。由次句，知心體空。由三句，知悟心不離般若。由四句，證真方能了俗。今當略說發菩提心。

一　名義

發菩提心，具云發阿耨多羅三藐三菩提心，簡稱菩提心，或云大乘心，或云普賢心，再簡云發心。義如常釋：阿。無也，耨多羅．上也，為無上心。三．正也，藐．等也，為正等心。三菩提者，三．正也，菩提．

覺也，為正覺心。此無上心．正等心．正覺心，心字該通三項，各有所揀。初揀凡夫外道，凡夫不覺，外道邪覺故。次揀二乘，但了生空，偏覺故。三揀菩薩，菩薩因覺，未滿果位，非正覺故。

問：以上三心，如何融攝？以便下手。答：菩提心者，統為自性清淨心．此自性清淨心，生佛平等，人人皆具，不增不減．發者，發起也，開發也。（初心只是發起，見性乃名開發。）非觀照不能發起，非觀照不能開悟。故發心者，即觀此自性清淨心也。

二 意義

問：云何為自性清淨心？云何觀自性清淨心？答：

自性清淨心，卽吾人之真心，亦名佛性，亦名法身，亦名真如，亦名實相，亦名涅槃，亦名法性、亦名法界。妄念依之，而成三界，為世界成立之本，人生緣起之源．衆生不知，無始以來，從未觀照，枉造輪迴，沉淪生死．佛法教人返觀內照。卽是入佛性，入法身，入真如，入實相，入涅槃，入法性，入法界．頓斷輪迴，速出生死。是故佛法根本在心，行法根本在觀．大乘心地觀經云：（三界之中，以心為主，能觀心者，究竟解脫，不能觀者，永處纏縛。）涅槃經云（能觀心性，名為上定．）

問：發心究竟為甚麼事？答：為見自性。吾故云：

發心者，發見性之心也。學佛不求見性，卽是外道；志求見性，方是佛子。

問：何以觀心便得見性？答：古德云：「若不觀心，法無來處。」蓋佛法都在清淨心上，返觀內照，始能引出佛性：一切三昧門，一切陀羅尼門，一切解脫門，一切神通門，一時俱得顯現。故知心是妙法來處，若不觀心，如何能引得出來？是以觀心為佛法第一妙行，諸行莫及。故華嚴云：「初發心時，卽成正覺，」謂自心是佛，見自己真佛，卽成正覺也。發菩提心論云：「若人求佛慧，通達菩提心，父母所生身，速證大覺位。」今人欲成佛，而馳心外求，哀哉！未曾發心，而修雜觀行，只得生天果報，不得出離輪迴。

問：發心既是觀心，且又重要如是，究應如何觀乎？答：佛說觀心，有一句定義。文殊問經云：（不發，是發菩提心。）云何不發？謂不發一切求利益之心，及悲願有條件之心·蓋發心時，須要摒息一切外緣，離念清淨·生心動念，即乖法體，故云不發。云何又言發？謂念念俱寂，自性圓融，周徧無際，即是發心·智行于內，不行于外，故不發為發。華手經云：（汝等觀是心，念念常生滅，如幻無所有，而得大果報。）龐居士云（但看起滅處，此箇是真如。）其熟味之。

又有要義三：一。發心時，當知無能發者，此破我執。二．無所發之境界。三。無所發之方便。此二破法執。總以畢竟空，無所有，無所得，為歸趣。又發心時，如有妙境，及小小神通發現，急宜捨去，以此是無相法故，一切雜行，一切雜觀想，不得合入此中修。此指修三乘言，如圓頓教，卽純乎合修。

三 修法

修此法時分二：一趺坐，二觀心，說明於下：

一趺坐　擇清淨處，結跏趺坐。（先以左趾押右股，後以右趾押左股，令二足掌仰於二股之上。手亦右押左，安仰跏趺上。此為全跏，名吉祥坐。或但半跏，右押左上亦可。又有降魔坐：先以右趾押左股，後以左趾押右股，手亦左押右，禪宗多傳此坐，任人自擇，年老者端坐亦可。）身體端正，不動不搖。手結定印，（二手仰掌，右安左上，二大指頭相拄，安於臍下跏趺上。此名法界定印，能除一切狂亂妄想。）合眼斷光，閉口合齒，舌抵上顎，鼻對肚臍。背脊筆直。兩肩齊平，不偏不倚，如是而坐。

二觀心　觀心之法，先要休心息念。須將六塵萬緣，一概放下：善事惡事，都不思量，過去未來，一概不想。直觀當下念頭；憧憧往來，起滅不停；勿執著他，勿隨逐他，勿斷除他。只管細細靜看。妄念起時，一看不知去向；旋又復起，仍如是看；念若不起，只看著。久久純熟，看到一念不生，卽與般若相應。發菩提心論云：（妄心若起，知而勿隨，妄若息時，心源空寂，萬德斯具，妙用無窮。）心性之妙如是。吾人平日之不相應，是為妄念所遮，是無明心。無明何所依？依真如而起。觀無明心卽是觀真如心，觀心性卽是觀無明心。何以故？真如卽是念之體，念卽是真如之用故。觀而得定，卽是真如三昧，為三昧之王，故名上定。

問：此種發心，有異名否？曰：有。觀上不念外境，故名無念行。一心不動，故名不動行。心無所緣，故名無相行。心不住境，故名無住行。用般若觀照，（觀時不起分別心）故名般若行。總之，常修此行，則離分別，離能所，卽是離心意識，心意識離，真心自現。發心之能事，如是如是

○事忙人，每日必須坐一次，每次至少半小時。若能坐二三次，每次一二小時者方妙。愈多愈久則愈妙。坐時須要寬衣鬆帶，從容安詳，不宜當風，不宜飽腹。坐畢緩動其身，徐開口眼，兩手搓熱，撫摩面目腰腹腿足，休息片時，然後下坐。

○平時須將唯心之理，自心是佛，二空之義，諸

法無性，常常思維，以作預備。涵養省察，尤不可忽。當知世事如夢幻，人生若朝露，剎那無常，都是空忙。如能發起冷淡想，厭離想，最易合拍。以一念萬年修去，卽是。勉之勉之。

四　種類

發菩提心有二種：一世俗，二勝義。發悲願心，是有為法，名為世俗。觀自性清淨心，是無為法，名為勝義。世俗不能攝勝義，勝義則能攝世俗。

問：大悲大願，是佛法要行，何以此中揀去？曰：非揀去也。未見性人。悲願甚狹，見性時，乃能廣大，故見性為最急。所謂悲願者，上求佛道，下化衆生耳。今求見性。原為成佛利益衆生，卽是大悲大願，何必更發。

五　不發之失

發心為總相，其他觀行為別相，別必依總，總能攝別。涅槃經云：「雖信別相，不信一體無差別相，（卽菩提心）名信不具。信不具足故，所有禁戒亦不具足，所有多聞亦不具足故」古德云：（無菩提心．三歸五戒亦不成就，以不知佛法根本故）其重要如此。今之人，學得一肚皮佛法，而於此茫然，何哉？

六　發心功德

發心功德，說不能盡，徧於羣經，廣在華嚴，瑜伽，智度等論。茲舉數條於下：

一受生利益。發此心已，得四種利益：一種子勝，以菩提心為種子故。二生母勝，般若波羅密為生母故。三胎臟勝，大禪定樂為胎臟故。四乳母勝、大悲長育為乳母故。

二得出家功德。居士不能得出家功德。維摩經云：（能發阿耨多羅三藐三菩提心，卽是出家。）是居士發心，與出家等，亦能得此功德。

三具足佛法。維摩經云：（發阿耨多羅三藐三菩提心，一切具足。）毗婆沙論云：（此法門是諸佛之母，諸佛之父，諸佛之眼，無生法忍之母，大慈大悲之母，常常修習，功德無量無邊，大般若經云：（如以箭射物．或中或不中，以箭射地，無不中者。）發心成佛，如箭射地，無不成者。

四入劫超劫。世人常嫌三大阿僧祇劫成佛，時期太遠。不知汝修雜觀行，尚在三大阿僧祇劫之外也。今日發心，未入劫者得入劫，已入劫者能超劫．

五諸佛授記，諸佛加被。初發心時，佛與授記，羣經有明文．如出生菩提經，大乘心地觀經，思益經，最廣在華嚴經。諸佛加被者，楞伽經云：（十方諸國土，所有無量佛，悉引光明手，而摩是人頂。）是諸佛常常加被如是行者。

六能轉女身。藏中有轉女身經。佛說菩提心。八百居士婦，轉為男身。

七往生上品。世人念佛，不知發心，縱得往生，只得中品下品？如能念佛而又發心，則可希望上上品生。觀經云：（不知第一義，不得上品生。）第一義卽菩提心。他經尚多，茲不具引。

八遠離災橫　毗婆沙論云：（劫火官賊怨，毒龍獸衆病，侵是人者，無有是處。此人常為天龍八部諸佛皆共護念稱讚故。）此論略舉九種災橫：一劫難，二火難，三官事，四賊難，五仇怨，六毒害，七龍難，八惡獸，九疾病。其實一切災難，無不消滅。廣如華嚴：及瑜伽師地論。

七　不揀門閥

賢劫經云：（星王如來，昔為牧牛人，於聲授如來所，初發菩提心。名稱如來，昔為織師，於電光如來所，初發菩提心。明燄如來，昔為守城人，於無邊光如來所，初發菩提心。難勝如來，昔為樵人，於堅固步如來所，初發菩提心。功德幢如來，昔為汲水人，於妙稱如來所，初發菩提心。力軍如來，昔為醫生，於大譬如來所，初發菩提心。）此段經有三種看法：（一）卑門：牧牛織師等人，皆非高門，故發心不拘身家。（二）得果：此六人皆得如來之果，可見發心不虛。（三）要道：彼等得佛果，不歸功於其他觀行，而歸功於發心，故發心為成佛要道。

問：發心固在速成佛，如一生不成，有果否？曰：有。從發心起，至成佛止，中間受生，瑜伽論中謂之增上生，言生生倍倍增加好處也。出生菩提心經說：欲求富饒豪貴，或作天王，隨意能得。何言無果？且能真實發心，十信以往，作十三種法師，卽作十三種人天諸王。此義見仁王經，瓔珞經（上文受生利益，卽是概括其果，論中謂之得四聖輪。）

八　儀軌

顯揚聖教論云：（於智者前，恭敬而住，起增上意，發誓願言：我弟子某甲從今日起，發阿耨多羅三藐三菩提心。欲饒益諸有情故，凡我所修六度等，一切皆為證得阿耨多羅三藐三菩提故，我今與諸菩薩摩訶薩同行，願尊證知。）如是三說，卽合儀軌。

九　結論

余觀菩薩藏中，說發心義，約十之三。諸大師章疏中，分條詳釋，義門尤多。今略說如此。最後有三要義：一要信自心是佛，二要有善知識教授，三要肯精進觀心。具此三要，無不成佛。卽剎那一修，亦種佛種。其功德之殊勝，非平常誦經念佛持咒以及其他觀行所可比擬。諸修學者，有緣聞此，其各珍重勉勵之。

以上為劉先生常常演説之義，大略如此。能生一念信心，刹那修行，功德已無限量，何況精進尊修．果報不可思議。

佛法要領

四川中江劉洙源先生說　弟子廖寂慧記

下編　略解楞伽（依據唐譯大乘入楞伽經）

佛言：大慧，菩薩摩訶薩，依諸聖教，無有分別。獨處閑靜。觀察自覺。不由他悟。離分別見。上上升進入如來地。如是修行，名自證聖智行相。

此段經文，佛答自證聖智行相，為頓教根本。今逐句釋之。

依諸聖教（宋譯作：前聖所知，轉相傳授。）依諸聖教者，先佛相傳之教，為聖教。所傳何法？廣則本經所明。其下手處，卽達摩「外息諸緣，內心無喘，心如牆壁，」三句之義。（此偈共四句，第四句「可以入道」是果，用功只在上三句。）可知此言，是先佛所傳，非達摩杜撰，故應深信受持。依者，言謹守此法，不得一絲出入，以期徹悟。

無有分別（宋譯作：妄想無性。）此句是修行正軌，最要最要。何為分別心？即第六識。根塵相對，或憶念過去未來，枉造輪回，經中呼為六賊。今欲入法，應先停止此心，莫起分別。今作三段解：一初，二中，三後。初入觀時，先將根塵過未事，一齊放下，始為外息諸緣。教門謂之修止，宗門謂之休心息慮。妄念一息，心便寂靜，心若寂靜，般若乃生。

先德喻之如珠吐光，還照珠體。珠喻涅槃心，（涅槃卽寂靜，）光喻智慧。（智慧卽般若。）光從珠生，喻般若從涅槃生。還照珠體，喻般若光明，還照法身。顯宗論云：「涅槃不生，能生般若。」故息緣爲入手最要。中時，外緣已息，般若漸生。此刻應一心不動，故云內心無喘。（喘者，動也。）此不動時，卽是無念．無住．無相。相雖有四，（不動．無念．無住．無相）其行則一。後時，心如牆壁。此句狀無無分別不動之相，最爲吃緊，卽是離識功夫。禪宗所謂如大死人，永絕餘想。又謂絕後再甦，欺君不得，卽是此境，珍重珍重．枯木生花，於是乎在．

獨處閑靜（宋譯作：獨一靜處。）此句有兩義：一・獨處，謂一人專修，不約伴侶，華嚴經云：「獨一發心，不求伴侶，」是也。可知近世成羣打七之非。二・閑靜者。謂擇清靜處所。遠離憒鬧也。獨處對人而言，閑靜對地而言。

觀察自覺（宋譯作：自覺觀察。）此句若如字面解，有觀察心，有警覺心，心緒紛然，成何事體？今謂不然，作三段釋：初釋觀，次釋察，後釋自覺。初釋觀　觀謂觀心　觀何等心？曰觀無明心。何以不觀真心？曰：真心自無始以來，為無明所熏所蔽，不能顯現・此無明，依何處住？依真心上住，如膠著漆，不得解脫，故曰住地無明。此無明，為生死根本，一分不盡，生死永在，故曰根本無明。學法欲求真，當從此住地無明下手，何也？伐木不斷根，炙病不得穴，絲毫無益。故二乘人與權教菩薩，斷得四住無明，不知住地無明：能免分段生死，終受變易生死。（輪回有兩重：一，界內十二因緣，受分段生死。二，界外十二因緣，受變易生死。）二乘人從觀心下手，為破住地無明，生死永斷，所謂從咽喉上取血，此是成佛妙訣，最真最實，李長者曰：「根本無明，即是根本不動智。」永嘉云：「無明實性即佛性。」台宗云：無明體即是明，即是實相，即是法性。經中不勝繁引，皆指此著而言。初時觀生滅心，不執不著，不隨不斷。或一味休心息慮。兩法是一。常常觀照，卽是般若熏無明。無明一破，法身頓現。一超直入如來地，不歷僧祇護法身，故稱之為圓頓法門。次釋察：察。謂監察，謂觀心時，有兩種監察：一者正念，二者正知。正念者，一心守護觀境，不准起第二念。遺教經云：「制之一處，無事不辦。」金剛三昧經云：「制之一處，衆緣斷滅。」「制之一處，卽是正念。先德云：「若不守心，得成佛者，無有是處。」正知者，如起信論云：「心若馳散，卽當攝來，住於正念。」若不攝還，增長無明。監察機關，有此二種權力。禪門有喻云：「坐禪者如官吏，門外有二衛兵站岡，此二衛兵，一名正念，一名正知。」可謂善喻。三釋自覺：自覺者，言此監察機關，時常令正念守心，正知攝心，不令放逸。

不由他悟（宋譯作：不由於他。）不由他悟者，到大徹大悟時，萬法自然從心顯現，不是他人授予。所謂無師智，自然智，是也，卽是無生法忍。

離分別見（宋譯作：離見妄想。）此句作兩句釋：一離分別心，二離諸見。先釋初句：此分別心，與上文不同，上是凡夫攀緣外境，此是行者攀緣觀境。不然，便是重複。云何攀緣觀境？此是無相法，不

許有相。若現殊勝境界，或現佛菩薩像，或聞說法聲，皆是魔境，應嚴加拒絕

若有取著，卽是分別心起，便入魔網，故曰離分別。

次釋第二句：見者諸見，障人不能見道。諸見者，或云五見。(身見，邊見，邪見，見取見，戒禁取見。)或云六十二見。起見者，謂於觀中，現出境界，以為或劣或勝，或與某經相合，或與某三昧相應，認為聖境，此卽是見，必入魔網。佛藏經云：「發菩提心，只是離耳。離何等？一離欲，二離見。」「欲卽是無明，見卽是憶念。」華嚴論云：(見在卽凡，情亡卽佛

「四祖云：「不用求真，惟須息見。」「見之過患，可謂至重，故須離之

上上升進（宋譯同上。）上上升進者，觀心到此地位，應加精進，不間修行，暗中長進，不可限量。上上者，如在信位，升進十住，十行，十向，十地。步步增高，謂之上上升進。

入如來地（宋譯同）如來地者，為大徹大悟之果。觀行純熟，不覺趣入，故此法門，謂之如來禪。

如是修行，名自證聖智行相（宋譯作：是名自覺聖智相。）自證聖智行相者，自身內證聖智修行之相也。自證聖智，宋譯為自覺聖智。證者，見也。

覺卽是證，證卽是見，二名無異。此卽根本智，經論多名，華嚴謂之普光明智，卽是本性寂照之用。華嚴云：（知一切法，卽心自性，成就慧身，不由他悟。）卽說此義。此智成就，卽爲成佛。楞伽云：（如來以智爲身，智爲體故。）又云：（佛非人非蘊，但是無漏智。）此智卽是行者報身佛。

云何名一乘行相？謂得證知一乘道故。云何名爲知一乘道？謂離能取所取分別，如實而住。大慧，此一乘道，唯除如來，非外道二乘梵天王等之所能得。

此段經文，佛答一乘人入觀行相。大慧以與上章修法或異，佛以離分別為答，仍與上章義同。今略釋之。何謂一乘行相？行相者，謂心念不住而住之相。一乘行相者，謂修一乘法安心之相也。離能取所取分別者，能取是見分，所取是相分，能所宛然，即是分別，應當離之。如實而住者，如作靜詞解，如即真如，實即實相，言住真如實相也。如作動詞解，如即如是之如，如實相而住。如實相而住者，不住根塵識，住於如如之理。此義最大，當引經證成。

金剛三昧經云：「如如之理，具一切法，善男子，住於如理，（即如實而住，）過三苦海。（即三界之苦。）

又云：（若住大海，（譬佛果，）則括衆流，（譬三乘，）

住于一味，（譬守心一法，）則攝諸味（譬信、住、行、向、地。）「大涅槃經云：「譬如有人，在大海浴，當知是人，已用諸河泉池之水。菩薩摩訶薩亦復如是，修習如是金剛三昧，當知已為修習其餘一切三昧。」觀心入理，卽是修習金剛三昧，此三昧成，一切三昧，無不具足，故為圓頓。又金剛三昧經云：「大力菩薩言：何謂存三守一，入如來禪？佛言：存三者，存三解脫，守一者，守一心如。入如來禪者，理觀心如，入如是地，卽入實際。（實際卽真如法身。）存三解脫者，言不證三解脫也。守一心如，卽如來禪。經語分明如是，而世人不知，悲夫。華嚴經云：「初發心時，卽成正覺，成就慧身，不由他悟。」卽是此境。金剛經云：「應無所住，而生其心。」「無所住，卽是此經之如實而住。而生其心，卽自證聖智現前也。本經偈云：「捨離此一切，（上文列各種禪，皆應捨去。）住於無所緣，是人則能入，如如真實相。）住於無所緣，卽是如實而住。入真實相，卽是如來禪。涅槃經云：「一切衆生，無漏智性，本自具足。」依如是修，無不得證。奈何不信？而甘沉淪三界乎。先德云）妙得其門，成佛匪離於當念。若失其旨，修因徒困於多生。）思之　思之

華嚴經偈

若有欲知佛境界，當淨其意如虛空，
遠離妄想及諸取，令心所向皆無礙。
若有欲得如來智，應離一切妄分別，
有無通達皆平等，疾作人天大導師。

佛法要領跋

佛法廣大。根本在心。行門無量。主要在觀。直觀自心。見性成佛。此吾師中江劉先生說佛法要領之宗旨也。先生博通經藏。精研教觀。深山隱居。澹泊自處。年已七十有三。而精神矍鑠。誨人不倦；時應鄰邑之請。講說不絕。常曰：學佛不求見性。皆是附佛外道。志求見性。方是佛子。欲求見性。必須觀心；觀與不觀。實為學法生死關頭。三乘人觀心，不深不徹：唯一乘人頓見本性。頓成如來。故其教人：每令放下觀心。學者從之。多獲開悟。弘恕聞道已晚。因張君心若之介。始獲忝列門牆。十四年來。備蒙啓迪。循循善誘，殷懃懇切。嘗開示曰：學大乘法。以了一心為根本。若實了一心。則三明．六通．十力．四無畏，將不求而自至。故云：一切諸法。心為上首。神通人人具足。但得母子自至。又云：大彌陀經三輩往生，俱以發菩提心為本．不明四智。只生邊地疑城。觀經是心作佛。是心是佛。固皆以了一心為根本者也。一心難信。（一心卽是自己眞心）了尤不易。（見性方了）能了則入無學位矣。又云：修觀持名。二法平等。修觀者，能明白見。持名者，至一心不亂時，乃明白耳。此皆佛法真實了義。凡學佛者，咸宜知之。無奈弘恕根性愚鈍。雖受淨土觀法，未及專修；又值世亂，不遑寧處；迄無成就．慚愧甚矣．適因體力衰弱，性好簡易。重請授我要法，以資修習。先生始以「發勝義菩提心」教之。并告之曰：發心者，發見性之心也。卽觀自性清淨心也。華嚴云：「初發心時，卽成正覺．」涅槃云：「能觀心性．名為上定」均謂此也．乃至起信論之真如三昧淨土宗之實相念佛達摩大師之如來禪。名異實同。皆是觀心云云，始知禪淨二門．原是一法。旋復寄示講錄三篇。所傳具在。且更詳焉．展誦之餘．贊歎無盡。乃細加編次，呈請鑑定．名曰佛法要領：集資付印，以利學人．竊謂是書．言簡義精指歸一乘：示二空理。悟入緣生發菩提心．

徹見本性。闡明楞伽玄義。揭示頓教根本·絜前聖之要領。為成佛之捷徑。所謂成就慧身·不由他悟·則經藏奧旨·洩盡無遺者矣。學者苟能依此修之。久久純熟。豁然開悟。明心見性·一念頓證·其福德智慧因緣之大。豈平常誦經念佛持咒修觀所可得而比擬哉·何以故？心性功德·無量無邊。不可思議故·此觀心法，是如來禪·只論見性，不論禪定解脫·迥非餘法所能及。故華嚴云：「雖盡未來際。徧遊諸佛剎。不求此妙法。終不成菩提。」妙法者何？觀心是也。大乘心地觀經云：「此法難遇過優曇。一切世間應渴仰。十方諸佛證大覺。無不從此法修成。此偈大聲疾呼出佛金口。更有何疑。又云：「一切有情聞此法。欣趣菩提得授記。一切有緣得記人。修此觀門當作佛。」可見一發心卽授記。一授記當成佛。是決定義。何謂有緣？得聞此法為有緣。當下發心為有緣。願天下有緣人，如法修行。精進不退。皆得速證無上菩提。

中華民國三十六年丁亥十一月十二日　弟子金弘恕敬跋

劉洙源先生書札

弟子金弘恕敬錄

書一

廿三年冬十一月廿八日

弘恕居士左右：頃奉　惠書。由張心若君展轉遞交，向法之殷，慕道之切，濁世罕覯，欽佩莫名。僕于佛法，但知信仰，造詣殊不敢言。尊示盛多稱譽，俱屬外間傳聞，絕非實事，讀之彌增惶悚。承問淨土法門，意欲筆談妙觀。夫修淨土，相沿有持名止觀兩種。持名普被羣機，止觀須憑指授，止觀雖妙，不如持名之穩。台端入道，宜從持名入手。請緩問津止觀。蓋禪定一法，須與授者同居，否則流弊百出，或趨入邪徑，或易致退失。故蓮池以後，唯提倡持名一法，不主修觀用意深遠，絕無歧途。持名看來若易，其實徹上徹下，依教理之淺深以為淺深，依發心之廣狹以為廣狹，其生品之高下，則視乎行持緩急與生熟，與修觀者同功，萬修萬人去也。其法具在三經一論，不出信願行，南方盛行，台端何疑而枉下問？普陀印光法師，海內尊宿，專倡此教。僕與此師無一面緣，曾見所刊文鈔，雖行舊說而多發明，不審足下曾措意否？僕學行無似，愧無以塞明問，慚愧慚愧。雖然，亦有至切要之義相勗者：

我佛說法四十九年，凡經三百六十餘會，教義千差，歸宿無二，一言蔽之，一心而已。（一心即是真心）不了一心，便有外境，因之起惑造業，輪轉無有了期。若實了一心，則三明．六通．十力．四無畏．將不求而自至。故云：一切諸法，心為上首（佛法與外道。其分界在此。）足下信佛，應如是信。不然，雖持名修觀，盡是外道天魔，非佛法也。何以故？心外有法故。此為根本法義。其次加行有二，一曰莫妄想，二曰耐冷淡。何謂莫妄想？凡對一切境界，並將為空，不可執著，以起想念。世間受生，皆由妄想所成，此乃生死根本，不可不知。何謂耐冷淡？世人造業，都由耐不得冷淡，既欲做箇出世賢聖。猶與世俗貪逐五欲無異：不惟佛不得成，闔羅老子不是瞎漢，今人于佛法，初患不得聞。及其既聞，又云人事太多不肯行。此無他，第一不了一心大義，第二任其妄想不停。何緣妄想？就因耐不得冷淡。此是大大病根。若先除此二病，心內自寂淨，智慧自光明，于佛法有趣向分矣。僕無知愚人，跧伏鄉井，感 公不遠數千里，馳書下問，謹以所學對，不審高明以為何如？手此頌禪悅不宣

劉復禮頓首

廿三年冬十二月廿四日

書二

澹園賢弟左右：頃奉手書，灑灑千言，備述家世履歷，及早歲入外道，近年憬悟，皈依三寶，希求為

師弟．想見發心真誠，趣向勇猛，難得難得。如此求法，果能實行，斷無不成之理，請諦聽之。

佛法師弟，以道結合，與世間法微異。苟能自信己心原是一尊真佛，聞而深信，用力進修，雖不列門牆，已為如來真子。如心外有境，禍福盛衰，名聞利養，常縈心念，雖修觀念佛，終日侍側，已是叛師背佛。 賢既欲敘師弟，僕自當攝受，般若因緣，非世俗勢利之比，即使不以師弟相稱，凡有問難，豈敢不以實告勉之勉之。今將副所願，竭誠相教，弟既皈依印光法師，是大好事。此師是方今國內正法眼藏，禪也淨也，宗也教也，莫不深通。惟其願力，欲以淨土一法，普被羣機，故專勸念佛。其教賢弟專心念佛，不必勞神研究經論。深有意趣。賢須努力奉行，此師知見極正，決不悞人。來書復請淨土觀，若僕有所吝者然。此念悞也。佛法當機不授，為無慧眼，授非其人，為謗三寶。僕得足下勤懇，斷無不言之理，所慮者，恐無益有損耳。足下志趣甚佳，如肯真信，豈止生西如操左券，成佛作祖，亦是吾儕本分內事，絕非意外。來書曾述上年入同善社，此最害事，尤須緩學止觀，否則為害不淺。細繹來書，急求知解，此大難答覆。相宗剖析最密，自謂不喜看，仍以少看為妙。又言喜閱台宗書，豈能讀彼三大部耶？如果能讀，彼中頗斥神通，何以震駭如此？今想得一法，于念佛之外，每日讀六祖壇經數頁。此書極精要，含義極深極富。雖未必能解，讀之使知見端正，為益甚大。楊仁山列于佛學四書，其要可知。學法因地貴真。求了生死，求生西方，此正因也。求世俗果報，邪因也。求持咒靈驗，亦邪因也。求神通，亦邪因也。戒之戒之！我弟子中，雖有發通者，吾力斥之，今已不敢再以神通炫惑人矣。賢問日課如何定？努力念佛盡之矣。四字六字俱可，跏趺坐最妙。暇時加念普賢行願品。

書中更有應答者：一．學大乘法，以了一心為根本，念佛求生為專業。足下生計不裕，即營他業，未嘗不可。所謂治生產業，不礙圓宗，但不可犯十惡業耳。 二．了解一心之義，是大乘最上乘總綱，其義高出發願生西，不止萬萬倍也． 賢持咒誦經于四悉檀中，尚在世界悉檀範圍內，我此兩書開示，俱屬第一義悉檀範圍矣。珍重毋忽。 三．律藏千言萬語，只有二義。一離惡行，二離欲行．離欲行復有二：一不邪淫，二斷正淫。邪淫是地獄因，佛所不許。正淫為嗣續計，居士無妨。除淫戒外，一切皆是離惡行．足下曾受五戒否？ 四．修觀持名，二法平等，修觀者能明白見，持名者至一心不亂時，乃明白耳・五。　三明六通，二乘與大乘不同。不求自至者，所謂但得母，子自至也。　六・凡學法與文字無關，不識字人，一樣成佛，何況生西。　七・賢問平常日課有效驗否？凡念一聲佛，俱有功德，那得無驗。經中所言，都是千真萬確，佛無妄語，切勿生疑。又已發願卽蓮花開，是確實說，毫無虛誑。吾棄大學教授，退居深山，已三年矣。近無著述，向年鈔撮，皆糞土也，可以不問。壇經一書，諸佛心要，不可妄解。逐日讀去，種佛乘種子，不可輕視。昨夜得書，今午作覆，近年山居，外間絕少書札，尤不喜作長函，感君七千里外來問，眼花手顫，草率已甚。吾與君廿年以長耳，頹唐如此，可悟無常迅速，宜及壯年努力前進。

書三

廿四年春二月十五日

昨得手書，問法懇切，令人起敬。措所陳之義，盡是邪知邪見，此由以前問津佛法，未得一箇明白人，故貽害如此。今于所問數端，條加駁正。從前知見，務希掃除淨盡。附佛外道書籍，屏之遠方，或付丙丁。一心念佛，莫求義解。如是積以歲月，或于淨宗有入門處。幸聽我說，善思念之。

君問如何了解一心，高出發願生西萬萬倍？此義是淨宗最上乘說，亦是淨宗常談，經中分明具有。

大彌陀言三輩往生，俱以發菩提心為本。又言不明四智，只生邊地疑城。觀經說：諸佛如來，是法界身，入一切衆生心想中，乃至是心作佛，是心是佛云云，何嘗不以了一心為根本耶？如此修去，一生可望得無生法忍。常途信願行三字，固不可非，然于菩提心未注重，卽使生西，難期上上品，何以故？未了一心故。一心難信，了尤不易。能了，則入無學位矣。然大乘法義，當從此入手，始為發心。君但信萬法俱在心內，諸佛衆生亦在心內，淨土穢土亦在心內，如是極力念佛，用功一年半載再問，莫憑口說。尋常念佛，不明此事，雖得往生，亦是下品。吾教君第一義諦，入手從了心趨入，自然高出萬倍，蓋吾為根器較好者，勉以了義之教，以發菩提心為基礎故也。教下言發心之書，文廣義博，猝難領解。吾用簡單法門相訓，但了一心，卽攝諸義，卽是真正發心。不了一心，雖發願往生，總滯邊地疑城。此種較世間法固優，終非我佛接引眾生本懷。吾之勸足下閱壇經者以此，此書未嘗言發心，而句句的指人心，言言都是究竟了義。足下自從容理會，此書發明無餘蘊。云何更問勝義諦耶？了一心，卽真勝義諦也。勝義諦者，一心是也。謂之佛性，謂之真如，謂之法身，謂之法界，皆真心之異名，皆是我之自心。

諸佛衆生，平等無二。如再不達，老實念佛，終有明白之日。但逐語言，則無希望。吾勸君常看壇經者，卽以此書啟君菩提心耳，誰謂欲君參禪哉？參禪大法幢，近今濁世能建立耶？足下一聞壇經，便指出某種註解，及心燈錄。嗚呼，此種斷人善根之書，豈可寓目耶？大抵宗門之書，一概不需註解，凡作註解，皆是荒謬絶倫，附佛外道何以故？宗門直指本心，令人自悟：一入義解，便塞悟門，永斷善根。故中峯大師於信心銘，證道歌，皆有關義解之作，所以中峰為正法眼藏。夫壇經何需注脚？如欲注脚，吾且告君，五燈會元。尊宿語錄。指月錄等，皆壇經絕妙註解也。應將前註，急急捨去。每日閱壇經，宜直心自悟，不解者闕之。十萬八千語，存而不論可也，萬勿穿鑿，以求義解。

君又有放下最難之問，當知放不下時，一心念佛，便能放下。淨宗珠清濁水之喻，正如此。心若馳散，便以佛號抵制之，久久自靜。凡學法，那箇不用苦功夫，如不用功，而遽能放下，何須學耶？念佛工課，足下可自訂之。吾意凡作一事，當以全力注之。如念佛。則盡日繫念于是，無有休歇。若訂時間，其休歇時多多矣，豈有成功之日，努力念，無間念，勉之勉之。念佛之外，所持諸咒，既曾學過，亦不必廢。

只要知心為根本，一切法門，皆入第一義諦。
足下有二女而無子，當知觀音普門品云：「設欲
求男，便生福德智慧之男。」賢夫婦何不常念彼
經，持觀音名號耶？既于淨業有益，又于願求有補
，何事不作？佛法是一家言，但達心宗，而勤念佛，
功德不可思議。其無效者，不肯長時修，心外有法，
或作或輟耳（如敎奉行・己生四子。恕注）
足下既修淨土，五戒宜受。凡不作十惡業者，皆
可受五戒。何以故？五戒十善業攝。瑜伽菩薩戒，六
度四攝攝盡　君如真正發菩提心，不惟五戒宜受
，菩薩戒亦宜受　當知菩薩戒，有在家出家兩種，瑜

伽戒是在家出家公共之戒。能受，則于淨業為益極大，莫怕莫怕。當知能發大心，卽應受菩薩戒，此戒以菩提心為根本，故于治生產業，生男育女，絕無妨礙。但受戒時，于己一面，只是發心，及明持犯開遮之義，在外緣方面，須得高行阿闍黎，為之羯磨，否則不能得上上品戒。

書四　廿五年夏六月廿四日

君有利人之心，如佛說言：自未得度，先度人者，何嘗不是？殊不知經中屢云：若自有縛，欲解彼縛，無有是處。又云：自不修行，欲他修者，終無是處。足下如真欲利人，當精進無倦，使有成就。作六道父母，人天師表，是分內事．登報及口耳相傳，有何利益？

凡學法。貴有決定心，（非成不遷）長時心，（常常做法不可間斷）無間心，（如鷄伏卵熱氣一斷便無生意）有此三心，無不成功．夫佛有種種法，治衆生種種心。故經云：方便有多門　豈必門門徧試，乃得成哉？貴信一門，入其深際，乃有是處。四弘誓所謂法門無量誓願學者，是竪論，非橫論，莫誤會。竪論者學通一法，再學別種，以後有無量法門也，非謂一時並進。若一時並進。一法都不能成，有何利益？記之記之。

書五

廿六年秋七月七日

竊嘗聞之：法門無量，要從一門深入，乃有是處。故古者大師教人恆言：要有箇入頭處。夫所謂入頭者，各教不同。宗門以知有為入頭，次第禪法以初觀成就為入頭。以此例密法，事一本尊，當知亦爾。鄙意以為一有入處，空慧朗然，縱橫萬變，視此為基。否則，終身門外漢也。足下美材，幸專心一法，窮以歲月，令其開通。毋兼營並騖，毋見異思遷。入海算沙，說食不飽，宜痛戒之。

世亂，人心無所依倚，求之佛法。今佛法成為時髦品，龍蛇混雜，以偽亂真，大抵名聞利養是求。我輩不可入此種隊裏，乃真佛子也。

書六　卄六年冬十月初九日

頃奉　惠書，斷斷以淨土觀為請，若慮（僕）有所秘惜者。夫法貴流通，吝而不與，是為犯戒。但恐距離太遠，有非筆墨之所能罄，又恐聞而不修，所以默然。今歷時三載，請已踰三。茲將此入手方便，為君一言，諦聽諦聽：

學此觀者，須于佛前，默念三皈五戒，守十善道。繼發三種心：一廣大心，（誓度一切衆生）二決定心，（觀不成，不能見異思遷）三長久心。繼而入坐，（或全跏或半跏）觀六大空。（地水火風空識）最重要在四大，破我見身見故。一．地大散歸西方。（從頭至足堅硬者，皆屬地。）二．水大散歸北方。（血汗津液皆屬于水）三．火大散歸南方。（暖氣屬火）四．風大散歸東方。(鼻息屬風)此四大既空，惟有空大。(第五大。)誰知空者，則惟有識。(第六大。)此二大不必久住。卽以此識心，諦觀于日(卽十六觀經日觀)前之四大，須攝心觀想。初坐時。每大往各方推散，最短必經十分鐘之久，或更久尤佳。此法本于觀經四帖疏。卷三第三頁。君細心玩之。凡坐必向西，必心平氣靜　入坐之初，須攝心不亂，毋求速效，有效毋驚喜，久久自成。(此爲修日觀前勝方便、有此方便、日觀易成。恕注)

君學密法，于四大六大，素所飫聞，並無奇特，但貴能入耳。僕歸家已六年，與諸弟子離羣索居，不知伊等造詣如何。通淨土觀者，似乎不少。其他妙觀，約有十餘人，而死者過半，無可稱也。

大抵末世學法，女勝于男。知苦勝。男中老者，勝于少壯。知苦乃入佛法，少壯多不知苦，故難入耳。學法之人，要少欲知足，不外慕，不求名聞利養，方是佛子。世亂如此，皆由衆生不能少欲知足，造十惡業，釀成浩劫。我輩皈依十力導師，豈可不自警惕乎！

書七 卅五年冬十一月初三日

澹園賢弟左右：頃奉十月朔日，手書，殷勤懇到，何減骨肉。九年之中，滄桑屢變，天荊地棘，慘不忍言！貴省屬淪陷區，尤為沈痛。戰事初起，音問阻隔，東望浙雲，系念　足下未嘗忘也　去歲勝利，卽冀足下當有書來。不意今日尊函始從天降。信知善根深厚，再生更慶，舉宅平安，椒聊繁衍，因果不昧也。予雖遭遇國難，而蜀中陪都所在，最稱完善，因此蒙福。庸人之報，慚極慚極。數年之中，常周遊于德陽，廣漢，金堂之間，講演未輟。但風燭殘年，老病頹唐，殊屬可憐。

來書說大乘止觀法，修無念行，此實性宗妙諦，與密宗四瑜伽之無上瑜伽平等，為宗門秘訣。其所述觀法，謂「一念起時，亟為觀照，正觀照時，前念既滅，後念未起，現在無念，」此法便是觀于無念云云，與鄙意稍異。我之所據，如經偈云：「汝等觀是心，念念常生滅。如幻無所有，而得大果報——此為真正發菩提心，此為無念無住無相行。弟如領悟，以後尚可再說。

書八

卅六年春正月初三日

昨接手書，重問修無念行　夫無念一法，成佛正因，經中分明屢說，不止起信論有之。論中止觀門，言真如三昧，即修無念行之法。不此之務，而止解篇首數語，那有是處！弟如用功，請多讀起信論賢首義記，于經則讀大乘本生心地觀經，久久熟誦，當有理會。學法必先具二條件：一不務外，二心要沈寂。違此百劫不成。　賢弟誠心學法，吾有警惕者三：一，佛法以心地為本，不可捨本逐末。二方便乃是行門，不可忘本體而執手續。三世事虛假，不可認真。倘以為真，何能與法空相應？怎得入理？此外則常發菩提心為要。來書又索講稿，茲寄廣漢講錄，略具大概，勿必示人，吾風燭殘年，餘生復幾，望賢昆仲媲美袁中郎，吾願斯滿。令兄藕村處，但告他：「至心念佛，時時有彌陀加被。」觀法未成，自不知耳。

卅六年春閏二月朔日

書九

君聞我說真如三昧，不知與觀無念是一事，可知元明以來，馬鳴宗雖在人口，其學荒矣。起信論以真諦本為定，何也？賢首依此作疏故，龍樹依此造論故。唐譯止作參考，裂綱疏不佳。善說法性者，法相融歸法性。此疏多塗附名相，教初學差可，通法性有礙。起信以賢首為正宗。不可以難解而置之。商務印書館有義記講義此論是吾國佛法第一導師，不可忽。來書述所學無念觀，全不是。君當知學觀為種善根。我今問汝，以何者為種子？種在何處？如何播種？吾今教汝曰：種在法界心上。法界心即汝無明心是、其體即眞如。法界心如田，信自心有佛性即汝覺性是種子，以般若觀心是播種。不分別而觀心不体、自然明白。久觀則定慧生，是善根生。再觀是善根增長。大徹悟是善根成熟。君修無念，而分別心多，怎得與般若相應？吾念君求法甚殷，今當教以發勝義菩提心：

勸發真正阿耨多羅三藐三菩提心

甲．事前自省四件。（不是靜坐時用的、在事前應先知之。）

一．為何事？（如為利益願求、則因不正。當求明心見性。）二．洗舊解。（應將舊見舊聞、洗滌淨盡。）

三．用何心？（當遠離覺知之心、所謂離心意識、不用心。）四．修何行？（不離法相、唯觀心。守心不動一法，）

乙．正行法。（此法依據達摩大師所傳四句。有眞信者俱可學、不信則勿學。）

一．外息諸緣。（把根塵事，抛撇淨盡。）二．內心無喘。（喘者動也，言心不動。）

三．心如牆壁。（言分別不起，離能所也。）四．可以入道。（此句是果，用功只在上三句。）

每日跏趺坐，照三句觀心。心念若起，亦不制止，亦不隨逐。須觀妄念無性，其體是空，心自寂矣，妄念息時，心源空寂，般若相應，真性始現。此法卽是無念行，無住行，無相行，不動行；卽是真如三昧；與起信論一鼻孔出氣，一念頓證。（觀中不宜現境界，至要。坐之次數與久暫，隨便。）

丙、受法儀式　須沐浴已，禮佛白言：「弟子某某，今從某大德所，學發菩提心，信樂歡喜，終身奉行，誓不敢忘。」如是三白，三頂禮。以後但行，不須啓白。從此不得懈怠一日。誦念可減少，金剛經可誦，孰謂凡經皆日日誦。今但發菩提心，直入聖城矣，何必貪多？

來書又問：起信論云：「若觀彼佛真如法身，常勤修習，畢竟得生，住正定故。」彼佛卽彌陀乎？真如法身又如何觀？答曰：彼佛即彌陀，亦即自心。何以故？心佛衆生，三無差別故，自他不二故。觀真如法身，即是觀自心。何以故？無明實性即佛性，（佛性即真如）幻化空身即法身故。（法身即真心。）

附指月錄初祖說法記

別記云：祖初居少林寺九年，為二祖說法，祇教外息諸緣，內心無喘，心如牆壁，可以入道。慧可種種說心性，曾未契理，祖祇遮其非，不為說無念心體。可忽曰：我已息諸緣。祖曰：莫成斷滅去否？可曰：不成斷滅。祖曰：此是諸佛所傳心體，更勿疑也。（弘恕敬錄，以供同修者之參閱。）

書十

卅六年春三月朔日

手書已悉。最可喜者，領解甚晰，聞法不捨衆生，悲心流溢，實有種性，堪學大法。唯初來從事，錯謬層出，不得不為君剷除之。諦聽諦聽！

一．不辨法門高下。君修觀程序五條，（皈敬求加，誦咒調息，推散四大，諦觀無念，向發願。）及鈔錄止觀述記一段，是三乘妙法，為中下根說，須三僧祇劫成佛途徑。達摩法是圓頓法，為上上根說，一念成佛途徑。如何糅雜為一，高下不分？

二．不依先聖口傳。先聖止有「直指人心，見性成佛，」兩句。達摩添成四句，已是增語，何可再增？

三·破壞心法。五種程序，對世人營逐五欲六塵，而以淨緣五種易之，誠為殊勝。今說明心見性，染緣淨緣都要停息，始為外息諸緣。君只息染緣，而不息淨緣，則初句破壞矣。（染淨是緣，執緣為有，固不得見性，執淨緣為實，亦不得見性，故諸緣俱息乃能見性。此三乘與一乘之分，亦是諸佛為實施權苦心。）有程序則生心動念，第二句破壞矣。不知三寶在心，而發願回向外境之他佛，分別熾盛，能所宛然，則第三句破壞矣。欲學法而反破之，可乎？果如　尊意，便是倒行逆施，豈能入道！

四·違反起信。凡說無念行，而不違真如三昧，皆門外漢也。五種程序之極端不可者，何哉？起信論己揀除之矣。彼論云：「不依氣息，不依地水火風」等，君未之見乎？初祖之法，則與起信論全同。吾念君函札往返，經十餘年，雖有善根，不得其門，故特教以發菩提心，非必強君學宗門也。（圓頓教發心皆同，能發此心，學其他宗，俱可。如學宗門，須具大福德，任君自擇）凡學法而隨境界流，不以觀心為本，皆是外道。三乘人觀心，不深不徹，唯一乘人，頓見本性，頓成如來。法華云：「正直捨方便，但說無上道。」（正對邪直對曲，不捨方便，即是邪曲。不明心性，亦是邪曲。）君狃于方便，如何能行深般若波羅蜜耶？君解發心為道心，太虛廓了。吾為君下一定義，發菩提心者，發見性之心也。此是透骨透髓之語。

真正確實之解。無境可緣，始能見性，所謂無門為法門。君修無念，而不知此，豈非南轅北轍？古德云：「若不觀心，法無來處。」言淨緣不能起也。故知觀心與不觀，實為學法生死關頭。學佛不發心，只得人天因果。如能發此勝義心，則得諸佛授記，且能入劫超劫，其餘妙義尚多，不能悉數。

君問種子。染法種子，是根塵熏習而成。淨法種子，在法身上（即法性上）是本有的。見性則淨種顯，法身上十力、四無畏，十八不共法之種子俱全，見性即得矣。故見性後，為舊佛新成。

發菩提心，不得刊布，有緣者自得聞。此是古法，知者甚多，舉世少人行。吾之不許宣傳者，壇經云「在別法中，不得傳付，損彼前人，究竟無益。恐愚人不解，謗此法門，百劫千生，斷佛種性。」蓋一乘法，聞之而信，世世有益，聞而生疑，則陷彼入地獄矣。說法之可畏如此，可不慎乎？吾以君有十餘年之信仰，欲教之尚如此之難。他人于我無信仰，于法不尊重，如何可說？

書十一

卅六年夏四月十三日

兩緘俱悉。精誠耿耿，為法為人，贊歎不已，慚悚實深。殷勤如此，只得許君刋印矣。講錄出弟子手，錯脫殊甚，茲當一一改正。發菩提心尚無記錄，茲囑廖君錄奉一份，雖兩人手，幷印無妨。君如卷尾作跋，切不可有溢美誇大之詞。吾平生接引人，多用淨土觀，成者始授以一乘。凡學深觀，有二條件：第一．依止數年，明審根性。第二．淨土觀成，通曉緣起。具此二者，乃可為說。奈何初談發心，便欲傾筐倒箧耶？達摩法與台賢，其歸是一，而入手不同，君試從我所授者行之，不可生疑。如今問徑已得，當一心用功，莫虛度時光，至要至要。茲錄四句偈相勉。

假使造寶塔，其數如恒沙，不如剎那頃，思惟於此事。寶積經偈思惟即觀察，此事即心性。

雖盡未來際，徧游諸佛剎，不求此妙法，

終不成菩提。

佛子始發生，以下皆是華嚴經偈 如是妙寶心，則超凡夫位，

入佛所行處，

生在如來家，種族無瑕玷，與佛共平等，

決成無上覺。

每日坐倦，便誦此偈，興趣盎然，又能精進矣。勉之！勉之！

書十二

卅六年夏五月十一目

細閱尊札，懇到無比，真誠披露，得未曾有。

復禮既老且病，指僵手顫，無力作書，悶如泉湧，如

何酬對？（余近年應酬，只小柬數十字而止，從無答君之冗長者。）然萬里遠問，又何可拂，姑擇要答之。利人須先自利，成己始能成人（印書儘可不必，荒亂之年，尤宜惜費。）望 君沈默觀心，勿以文字為障。所鈔之稿，一一核過。所問各節，另紙批答。足下當知此稿皆是略說，起人正信。若欲實修，更有詳細教授。（不結印亦可觀心，故于坐法，未曾詳列。）凡經典皆有含義，待人引申，何獨此耶？故勸 君力行觀心，自得多聞。

吾今批答來函，任意塗乙，殊不恭也。但知吾賢實心求法，于跋中頗解吾意。心地觀經云：「若有善男子善女人，聞是妙法，一經于耳，須臾之間，攝念觀心，熏成無上大菩提種。」又云：「若能修習深妙觀，惑業苦果無由起，唯觀實相真性如，能所俱亡離諸見。」以上經偈望　賢時時溫習修煉，則吾願滿矣。君分別心太熾，當知分別卽是妄想，卽是惑業，與發心修無念行，正相反。講錄全本經論，無一字無來歷，一一注出，文當倍增，大可不必。答問五條，列後：

一．問發心與達摩法，及其他圓頓法，異同如何？

答：名異實同，唯三乘法稍異，宗門進行略異，同以見性為歸。圭峯云：達摩一宗，是佛法通塗，禪教共依，唯入手取徑不同。

二．問何故宗門須具大福德？　答：剗心見性，中間毫無境界，與觀行有別。須具真實信心，始能起行，觀門有境界可緣，較易。大信仰卽是大福德，非根器薄弱者所能。

三．問觀心完畢，回向何處？答：觀心卽是回向真如實際，他佛自佛同一體故，更有何惑？君初入法門，回向他佛亦可。

四．發心文中，似應增入防魔，除障，證相等文，以為何如？答不必。此是速記之稿，非著述也。（如有需者，可閱起信論。）若有真修，必須從師授受，諸境自了，非一言所能盡。

五．淨土三經，與方等經，所說不同，願聞其故。所答：淨土之教，以大小彌陀觀經為本。小彌陀主持名，大彌陀主發心，觀經主修觀而發心，此佛語也。方等經中，說自性彌陀，唯心淨土，雖似更進一層，其實二法，原是一義。而普被羣機，但以三經為要，不應獨倡方等高調，以迷中下之機。故前書云：太玄則違經。

書十三 卅六年夏五月卅一日

頃接校正發心稿，即為核定，可行。君擬先託覺有情刋布，可哉！可哉！有緣者，自能得之。無緣者，雖強之亦不信。講錄得君反覆推求，漸臻完善。回思修何行一章，似不相稱，吾當改作之。足下好法樂法，真誠畢露，吾拭目盼其速成，勉之勉之！所問者，答如下：

一、觀心法門。是如來禪，但須勤修，直下超證，不必看教，如欲看教，以入楞伽經，思益經，為最。君義學工淺，兩經非宜，唯心地觀經最宜，猶恐文多，茲先舉要以餉之。如大乘本生心地觀經云：「汝等凡夫，不觀自心，是故漂流生死海中。諸佛菩薩，能觀心故，度生死海，到於彼岸。」又云：「難見難聞菩提正道心地法門。若有善男子善女人，聞是妙法，一經于耳，須臾之頃，攝念觀心，熏成無上大菩提種，不久當坐菩提樹王金剛寶座，得成阿耨多羅三藐三菩提。」又偈云：「若能修習深妙觀。惑業苦果無由起．唯觀實相真性如。能所俱亡離諸見。」又云「觀自身心猶如枯樹牆壁瓦礫等無有異，於一切法無有分別。我觀身心，猶如幻夢，中無有實，念念衰老，其息出已，更不復入。」又云此法名為十方如來最勝秘密心地法門，此法名為一切凡夫入如來地頓悟法門，此法名為一切菩薩趣大菩薩大菩提真實正路。共二十六句，（大乘心地觀經卷八第二一頁）可知心法之重要．君此次印書，至欲割產，而吾力阻之。請看此經卷二一第十四頁，佛說三種十波羅密，一者十種布施波羅密多，二者十種親近波羅密多，三者十種真實波羅密多。前二布施，未名報恩，其第三種，發起無上大菩提心，住無所得，勸諸衆生，同發此心，乃名真實能報四恩。君須力學觀心，是真布施，是真報恩，諸佛印可。

二．所問治魔等事，舉次第禪為例，異哉！邪執之甚也．禪門無量，大別唯二：一止觀禪，次第法等屬之．一如來禪，只論見性，不論禪定解脫，那有魔境？試問一部五燈會元何章談魔事耶？奈何以三乘而疑一乘耶？然則學如來禪，絕無魔乎。曰有．一．因地不真，二．分別心強，三．無師妄為。何嘗無魔。反之，斷斷無魔，何必畫蛇添足耶？君樂簡易而修此法，此因地不真也。應知此法是凡夫入如來地，頓悟法門。直指人心，見性成佛。君須生死心切，求見本性而樂修之，始為正因。餘皆非正。埋頭細細修，勿起分別，以悟為期。有疑儘管問，不可妄為，則魔因斷盡。

三．問悟後境相。此在發心文中已說明，一切三昧神通等，皆從心現。奈何只知文，而不知義！專務外，而不務內！問名相考據，而不勤觀心！三種是足下貼肉病應力改之。作此書時，不知仁者在編輯中，始發此種問端，罪過，罪過。然此所言，是極正極要，故仍寄閱。

四．降魔及證相，不須列入書中。此屬頓悟門，依師修行，諸佛加被，決定無魔．聞悟卽是無生法忍，何論證相。三乘法．不能一氣得無生法忍，故有各種證相，以驗其僞。來書所云：眼涼腹煖，此是四禪八定法，乃止觀禪，非如來禪，急宜捨去。此是無相觀，不宜取境。坐時．不必限卯酉。子午卯酉是外道之言。佛法二六時中，四威儀內，觀心不停，唯除食時．故前書云：不結印坐，亦可觀心．

書十四

卅六年秋七月廿日

連接兩函，肝膈如見，何遽着急乃爾？吾之過也！然正不可少此雕琢也。當知與君結合，是般若因緣，不關名利．應力求清淨，稍涉猜疑，便入魔網此後盡量問答可也，唯期　弟得速悟。書名定為佛法要領，避雷同也。有人謂此次釋楞伽二段，可以附入，印於篇末，未知弟以為如何？快發心修，即得佛記，勉之勉之！答問列後：

問：此觀心法，依據何經？吾　師常引心地觀經，其殆依據此經乎？然此經所説，是月輪觀，何以不令觀月，而令觀心？此疑未明，幸乞教之。

答：一所依之經。凡觀行法，必依經義。我授君此法，是依楞伽經，非心地觀經也。心地觀經説觀心法最詳，引以為證。其實此如來禪，以楞伽為本，故達摩以此傳心。唐譯楞伽經卷三云：「大慧菩薩摩訶薩復白佛言，世尊唯願為說自證聖智行相，及一乘行相，我及諸菩薩摩訶薩得此善巧，於佛法中不由他悟。佛言諦聽，當為汝說。大慧言唯。佛言大慧菩薩摩訶薩，依諸聖教，無有分別，獨處閑靜，觀察自覺，不由他悟，離分別見，上上昇進，入如來地，如是修行，名自證聖智行相。云何名一乘行相？謂得證知一乘道故。云何名為知一乘道？謂離能取所取分別如實而住。大慧此一乘道唯除如來，非外道二乘梵天王等之所能得。」此經是主腦，不得生疑。若引楞伽，其證甚多。但文句奧衍，不易了解。故以觀心品為證，因此是方等通義也．

二。不授月輪觀之故．此法門是正直捨方便，月輪觀是有方便，其異一．此法門是無相法，月輪觀是有相，其異二．此法門是離心意識，月輪觀是專用六識，其異三，此法門是離能取所取，月輪觀能所宛然，正與相反，其異四，此法門是直入真如性海，初修月輪觀，是入獨影境，其異五．有此五異，天地懸隔．不得合修。心地觀經之立月輪觀，另為一類之機，不得並論。

問：念佛修觀．所證三昧，同乎異乎？有淺深否？敬祈示之。

答：小彌陀經持名到一心不亂，觀經則有念佛三昧。余謂二經入手不同，而三昧無異。何者？彌陀以持名為主，觀經觀依正相。觀相用心較細，持名似淺。然持名能三昧念，未嘗不細。一心不亂，不亂卽定，定卽三昧：從念佛來，故名念佛三昧。何謂二經三昧相等？論曰：三昧者，心一境性也。然三昧雖等，到此階段，有淺有深。淺者心境不亂，依正二報，勝妙現前，不能發真無漏。深者得三昧時，便發真無漏。此淺深二機，須臨時勘驗，隨機教授。此兩等人，決定往生。淺者未必上品。深者決定上品上生。勸君發菩提心，卽為將來發真張本。又念佛三昧，諸經各異，並非一類。君前問一乘念佛，（即念法身佛。）此三昧為最勝，其來源，從菩提心開發　試舉一相以明之：如淨土之念佛三昧，蓮華大如車輪，或大數由旬而止．一乘念佛三昧則不然。得三昧時，其蓮華座，與三千大千世界之量相等，安得謂同。何以如是差別？一乘念佛．從菩提心觀來，即得法身。淨土觀從化身來，不知法身，所以不同。

問：禪淨二門，宜專修乎？抑宜雙修？淨友中見吾師講錄者，莫不歡喜贊歎，稱為希有。或謂：若以徹悟禪師要語，附印書後，禪淨雙弘，則善矣。未知尊意以為如何？

答：來書斷斷于禪淨雙修不雙修，雙弘不雙弘，余謂此執其名，不知其實。何也？禪淨二門，原是一法。發菩提心，卽是如來禪，卽念法身佛，已兼之矣，何必再言兼乎？念法身佛，卽是實相念佛，為淨宗最上乘，已弘之矣，何必再言弘乎？當知但念化身，不知法身，生品極低。其關係在得三昧時，真無漏發與不發。如發，則悟入第一義。不發，則滯于化土。故觀心一法，無論禪淨，為最要義，何論兼與不兼？君必狃于名字，當以發心為主，以持名為輔，亦可。不必闌入徹悟語錄諸法門也。

問：何謂事定？何謂理定？祈開示之。答：外道亦有禪定；所以不如佛法，終歸墮落者：佛法禪定無量，大別則爲事定理定，事定但觀相。理定要入眞空之理。試舉例以明之：如修四無量，慈悲喜捨，外道亦修，而不能與佛法共．何也？此四法有三段義：一衆生緣，二法緣，三無緣。外道修此四法，只知衆生緣，不知後二。衆生緣是相是事，後二是理。外道不知唯心，那能入理？佛法則不然，緣相必入理，故後二最重．淨土法亦然。得三昧時，但見殊妙境界，純是事定：得眞無漏，才能入理．經云：「能觀心性，名為上定，」即是入理之觀行。又上言得念佛三昧時，真無漏或發或不發。其發者有二因：一前生曾經熏習，二今生發菩提心。其不發者反此。前生熏習，不能追補；今生發心，得大助力。故只問發心不發心，不問雙修不雙修。且發心要無分別慧，無分別慧即大般若，何須論兼。毋執名字，而失真義。

問：見性之人，解脫自在，已出輪囘，但不知捨此幻軀，往生何處？　答：十方淨土，皆可隨願往生。如願生西，決定上品上生。不生淨土，人間天上，隨意寄托，與淨土等。

問：未見性人，于臨終時，應如何用心，方免輪回而得解脫？幸祈教之。答：未見性人，臨命終時，安住菩提心，自然得解脫。黃檗禪師云，但自忘心，同於法界，便得自在。恕注

書十五

卅六年秋九月十九日

頃奉兩函，除答問外，略覆大意。吾晚年得弟，天性好道，全是宿緣。應鄭重居心，不可忽過。弟病宜善自將護。論果報，恐難長壽。論佛法，能真實發心，無得長壽者。宗鏡錄謂：「種子爲命根一，發心能變種，故是長壽法。」又云：「命根者，依心假立，命爲能依，心爲所依，命之依心，如情之依心矣。」吾當爲弟回向，是緣弟當真實發菩提心，依我修法行之。每日須二三座，是因此是第一法。第二要離欲。凡肺病喘咳，都由少年多欲所致，故佛藏經有

離欲離見之訓。第二調飲食睡眠。第四醫藥扶助。弟慮年壽不永，此生難成。如能真正發心，即使一生不成，來生必圓。永明所謂一出頭來，一聞千悟，終不虛也，常常熏習故。弟可學施食，勿令間斷，此是長壽因故。或持觀音名，亦有求必應。弟請我作序，此小小因緣，何必作？且亦勿必請人作，此次略解楞伽，是弟與李少垣君問我何故不授月輪觀而令觀心，故說此以示其依據。余說此法，僅一句鐘。廖寂慧記，一句餘鐘，並非夙構。廖寂慧者，貞女也。由女師大卒業，任教育廿餘年。皈依我亦廿餘年兩年來，答君問，盡出廖手：因我手顫，不能多寫也。近住吾家已二年，修觀學教，行將回家。以後替手，正費躊躇。答問列後：

一．問動時如何用功？曰：亦如靜時。觀心未熟，則有動靜之分。觀心熟已，動靜無殊。宗門云：「在千萬人中，如無一人相似；在萬事紛擾中，如無一事相似」可知動靜是一。初學未得定，故祖師教人管帶，言應事接物，應須常常管理攜帶此觀心法也。君不必慮，久修自明。吾引一段楞伽經，以備君用。經云：「觀一切法，皆無自性。如空中雲，如旋火輪，如乾闥婆城，如幻如燄，如水中月，如夢所見，不離自心。由無始虛妄見故，取以為外。作是觀已，斷分別緣，亦離妄心所取名義。知身及物，幷所住處，一切皆是藏識境界。無能所取，及生住滅。如是思惟，恒住不捨。」此段經文，玩昧在心，則生深信。君之不能，其因有二：教理不熟，二定力未成．總之，行住坐臥，須要不離觀心。

二．問發菩提心，卽是如來禪，卽念法身佛，禪淨不二，已聞命矣。然則所謂一乘念佛，實相念佛，皆是發心之異名乎？答曰：是。觀心與法界觀，同乎異乎？有淺深否？曰：觀心卽是法界觀，無同異，無淺深，不可循名昧實。所謂四無量心三段義者，請再教之。曰：衆生緣者，謂見三千大千世界衆生，皆在苦海，一一拔苦與樂也。此義外道與佛法共　法緣者，謂衆生皆是蘊界處之相五蘊十八界十二處其中並無有人。無緣者，謂蘊界處無性是空，並無有法，只有性而已。衆生緣．人法具足。法緣．有法無人．無緣．有性無法。何謂心一境性？曰：定有七名，此其一也。舊譯禪支為一心支，唐三藏譯為心一境性。言得禪定時，一心不亂，專住一種境界，謂之心住一境之性。此詮定相，而有有漏無漏之分。有漏是識，外道三乘皆得。無漏是真如，唯一乘得。

三．問經典中，如與如如，其義云何？曰：如者，空也。般若云：諸法如，卽是佛。又云：如來者，卽諸法如義。心如如，謂心空也。境如如，謂境空也。彌勒亦如，語出淨名，是論本體，故彌勒與衆生同科。　何謂心境不相到？曰：心境相到者，業識境也。如著衣吃飯：衣到身，飯到口。正智法性境界，非根非塵非識，空無涯際，自證乃知，云何相到？何謂心若不異？曰：雜念起為異，無雜念為如。

四．楞伽合轍所云：觀察妄想本無自性。與我所說一也．何也？妄想卽無明，觀妄想無性，卽是觀無明心．佛法萬法皆無自性，豈此無明而有性乎？

惟彼教人，窮究妄想起處，此語大非！蓋窮究須用意：此觀心法，離心意識，那有用意識之理？驀直觀去便是，不必窮究。古德云：心光透時，餘瑕自盡。何等簡要！何須推究？楞伽唐譯最佳，古人以三譯為一經同本而異譯，。吾謂三譯是三種經，可互相參考。宋譯在前，先德拈提，多引宋本，要不如唐譯之善。若謂疏注，六朝唐人諸作俱亡，唯賢首楞伽玄義二卷尚存，（金陵刻經處出版）最為微妙・龍樹注此經有千卷，未譯來此土。明僧疏此經、凡十餘種，唯憨山藕益稍可，都不能繼賢首也・

卅六年冬十一月朔日

書十六

秋間吾在成都廣漢德陽，淹留講演，每逢佳士．歸來得弟函，何慧昭君函附焉．囑我批答，則所不敢。繹何君意，約有三疑，茲略答之：一疑發心法太高，宜于上根，不宜于中下．答云：不高。不發心，不真實。華嚴云：譬如服藥，藥不對症，可數數換，唯水一味，則不可換。水，譬菩提心也。後師說念佛法，不說發心，一為愚人不知，二則其法未備．夫淨土三經，大彌陀及觀經，俱有發心之文：謂小彌陀無之者，非也。此經有不退轉於阿耨多羅三藐三菩提之語，使先未發心，對何說不退轉乎？此義從無人道，思之自明。二．疑念佛人，兼修發心，懼其夾雜。答云：不雜。夫念佛。非求一心不亂乎？一向不觀心者，何從而知一心不亂。發心一法，直入一心境界，惡得謂雜？且吾人念佛，從朝至暮，身口意三業，能念念不離於佛乎？處事接物，能剎那不離於佛乎？如曰未也，離佛時多。然則於此脫離，不病其雜；一度發心，獨病其雜，可乎？學法人而拒絕發心，恐無是處。三．疑上根人少。答云：甚多．吾謂萬人之中，九千九百九十九人是上根，下下根不過一人耳．曰：何以都不成？曰：彼不信也，非根器壞也．試觀賢劫經中所舉六種人，未發心時，誰能定其是上根乎？金剛經云：衆生衆生者，如來說非衆生，是名衆生．儒門理學家，不准說世間無好人．佛門圓頓家，不准說衆生是劣根．（未經雕琢故，琢則成器矣）或曰：何以宗門常說須上上根耶？曰：此是警惕之詞，策勵向上之意。宗門發言，都是活句。若執為實，則是偏計，便是死句，豈為知言！以上三義，請婉達之．

書十七

卅六年冬十二月廿七日

吾平生無師，而先學經學，經學重師法，不雜亂．吾用其法，以讀性相兩宗之書，以治台賢兩家之學．後入禪宗，門庭不紊，遂於無師中得師。回看古人，莫不如此，豈如弟之雜亂無章哉！弟好法雖切，而似雜貨攤，難成在此：無師之故也．莫作過水田，始得！弟病因看書太多，坐時用力之故。看書可以節制，靜坐要一切放下，何須用力？用力卽是執著，執著焉能觀心。應力改，則病易癒，觀易成。（信心銘云：一切不留，無可記憶，虛明自照，不勞心力。傳心法要云。息念忘慮，佛自現前，直下無心，本體自現。皆明放下觀心之法。弘恕附錄。）弟問更有法否？此太不理會法味之言。達摩三句，括盡一切。六祖之不思善不思惡，卽是外息諸緣。正與麼時，卽是內心無喘。文句不同，豈有二致？做到正與麼時，只是一味不動，一念萬年做去，那更有法？那箇是明上座本來面目？是問句，謂之發機。（教下謂之常機。佛法以心爲機，故曰一念問機，便同本得。）宗門云：凡夫玄關緊閉，識鎖難開。機卽玄關，勝者以一言投之，擊發其機，彼卽頓悟耳，然此公案最重要者，是與麼時三字，（即不思善惡時。）是禪宗秘訣。發心人能如是住心，則悟不遠矣。祖師云：與麼時，謂之佛未生時。又謂之居頂，貴重無比。一日中能有數小時如此住心，始合法。自有發機因緣，不必要人指導。祖師云：但能與麼時，不愁不徹悟。此屬心法秘要，可力行之。某君不知卽心是佛，而謂觀心未伏佛力，恐難生西，隨他去持名可也。先德云：菩薩初發心，（卽觀心，）諸佛卽攝入淨土去了。（此句要牢記。）世人重持名，而輕觀心，或分為兩事，抑何可笑！編校宜少，觀心宜勤，（隨處可觀，不只限於靜坐；一味觀去，不必多看書籍。）以悟為期，決不相賺。

書十八

三十七年數函節錄

弟一味求多聞，不努力觀心，去佛法太遠。迅速回頭，猶未為晚！最可笑者，問見性後如何？此誦文而不知義。夫見性成佛，常語也，弟全不知，何也？言見性，卽成佛矣。佛者智也，菩提也。永嘉語，卽智成之相。欲得智成，必須觀心。汝不觀心，而但誦其語，豈不可笑？學法應有大志操行，何必問人見性，只形頑懦。弟之病：第一自用。第二想開雜貨店（欲集佛法，成一驗方新編：果可如此，前人早爲之矣：）。第三不用功。今勸從容觀心兩三箇月，看有瘥否？不然，難醫。用功時，須要一切事都放下，放下才能觀心。不必看書，反亂人心。日日做調伏工夫，心念澄清，智慧便生，此為入理，方便，不可以其少而忽之。觀心者，心是淨土，觀之卽是信願行，卽生淨土矣，心是真如佛性，卽土也。故發心為第一義念佛法門。成都來請，不久出門，又有數月之游。春二月二十日

弟宜悉心修發心法，此關不通，猝難入門。此法一往觀心，萬事萬緣一齊放下，久久自然入手。勿將迎，勿索效。心空及第歸，思之思之。弟好在文字上推求，不在心念上觀察，入理稍難。只要一念回機，又有何難，春暮多雨，善自調護。

吾於廿四抵省，開講楞嚴，用正脈疏，此經唐人

疏已亡盡，惟宗鏡錄中略見一二，此外皆宋元諸師所作。明僧依違其間，俱未善。惟交光師著正脈疏將舊說一概駁盡，不惟明人不及，宋元諸師皆不能望其項背。因此師是學華嚴者，解此經為入華嚴方便，所以卓絕。弟問有無記錄，有即寄來。無則不必懸望。又問閱何書最好，圓悟心要最好，後當寄贈一部，此次印書，累弟太甚。印書事完，弘法之願已了，以後專望從容修法，勿間勿斷　觀心與養身是一義，徹悟則諸病自瘉。四月五日

願一切資助者。見聞者。讀誦者

宿業清淨　恩親怨對　同生淨土　時和年豐

兵戈永息　家給人足　共證菩提　同登佛地

三寶弟子謝普揚
添同登佛地一句

永嘉禪宗集

永嘉禪宗集卷上

唐永嘉沙門元覺撰
明天台山幽溪沙門傳燈重編

大章分爲十門。皈敬三寶第一。發宏誓願第二。親近師友第三。衣食誡警第四。淨修三業第五。三乘漸次第六。事理不二第七。簡示偏圓第八。正修止觀第九。觀心十門第十。

皈敬三寶第一

稽首圓滿徧知覺·寂靜平等本眞源。相好嚴特非有無·慧明普照微塵剎。
稽首湛然眞妙覺·甚深十二修多羅。非文非字非言詮·一音隨類皆明了。
稽首清淨諸賢聖·十方和合應眞僧。執持禁戒無有違·振錫攜瓶利含識。

發宏誓願第二

卵生胎生及溼化・有色無色想非想・非有非無想雜類・六道輪迴不暫停。我今稽首歸三寶・普爲衆生發道心。羣生沉淪苦海中・願因諸佛法僧力。慈悲方便拔諸苦・不捨宏誓濟含靈。化力自在度無窮・恆沙衆生成正覺。說此偈已。我復稽首皈依十方三世一切諸佛法僧前。承三寶力・志心發願。修無上菩提。契從今生至成正覺中間決定勤求不退。未得道前・身無橫病。壽不中夭。正命盡時・不見惡相・無諸恐怖・不生顛倒。身無痛苦・心不散亂。正慧明了。不經中陰。不入地獄畜生餓鬼水陸空行天魔外道。幽冥神鬼・一切雜形・皆悉不受。長得人身・聰明正直。不生惡國・不値惡王・不生邊地。不受貧苦奴婢女形。黃門二根。黃髮黑齒。頑愚暗鈍。醜陋殘缺。盲聾瘖瘂。凡是可惡・畢竟不生。出處中國・正信家生。常得男身・六根完具・端正香潔・無諸垢穢・志意和雅・身心安靜。不貪瞋癡・三毒永斷。不造衆惡・恆思諸善。不作王臣・不爲使命。不願榮飾・安貧度世。少欲知足・不長蓄積。衣食供身・不行偷盜。不殺衆生・不噉魚肉。敬愛含識・如我無異。性行柔軟・不求人過。不稱己善・不與物諍。怨親平等・不起分別。不生惜愛。他物不悕、自財不吝。不樂侵暴、恆懷質直。心不卒暴、常樂謙下。口無惡說、身無惡行、心不諂曲、三業清淨。在處安隱、無諸障難。竊盜劫賊。王法牢獄。枷杖鈎鎖。刀鎗箭槊。猛獸毒蟲。墮峯溺水。火燒風飄。雷驚霹靂。樹折巖頹。堂崩棟朽。撾打怖畏。趂逐圍繞。執捉繫縛。加誣毀謗。橫枉鉤牽。凡諸難事、一切不受。惡鬼飛災。天行毒厲。邪魔魍魎。若河若海。崇山窮嶽。居上樹神。凡是靈祇。聞我名者、見我形者、發菩提心。悉相覆護。不相侵惱。晝夜安隱。無諸驚懼。四大康健、六根清淨、不染六塵。心無亂想、不有昏滯。不生斷見。不著空有。遠離諸相。信奉能仁。不執已見。悟解明了。生生修習、正慧堅固。不被魔攝。大命終時、安然快樂。捨身受身、無有怨對。一切衆生、同爲善友。所生之處、値佛聞法。童眞出家、爲僧和合。身身之服、不離袈裟。食食之器、不乖鉢盂。道心堅固、不生憍慢。敬重三寶、常修梵行。親近明師、隨善知識。深信正法、勤行六度。讀誦大乘。行道禮拜。妙味香花。音聲讚唄。燈燭臺觀。山海林泉。空中平地。世間所有。微塵已上、悉持供養。合集功德、回助菩提。思惟了義、志樂閒靜。淸素寂默、不愛喧擾。不樂羣居，常好獨處。一切無求，專心定慧。六通具足，化度衆生。隨心所願，自在無礙。萬行成就，精妙無窮。正直圓明，志成佛道。願以此善根，普及十方界。上窮有頂。下及風輪。天上人間。六道諸身。一切含識。我所有功德，悉與衆生共。盡於微塵劫，不惟一衆生。隨我有善根，普皆充熏飾。地獄中苦惱，南無佛法僧。稱佛法僧名，願皆蒙解脫。餓鬼中苦惱，南無佛法僧。稱佛法僧名，願皆蒙解脫。畜生中苦惱，南無佛法僧。稱佛法僧名，願皆蒙解脫。天人阿修羅，恆沙諸含識，八苦相煎迫，南無佛法僧。因我此善根，普免諸纏縛。南無三世佛。南無修多羅。菩薩聲聞僧。微塵諸聖衆。不捨本慈悲，攝受羣生類。盡空諸含識，皈依佛法僧。離苦出三塗，疾得超三界。各發菩提心，晝夜行般若。生生勤精進，常如救頭然。先得菩提時，誓願相度脫。我行道禮拜，我誦經念佛。我修戒定慧，南無佛法僧。普願諸衆生，悉皆成佛道。我等諸含識，堅固求菩提。頂禮佛法僧，願早成正覺。

親近師友第三

先觀三界生厭離故。次親善友求出路故。次朝晡問訊、存禮數故。次審乖適如何、明侍養故。次問何所作、爲明親承事故。次瞻仰無怠生殷重故。次數決心要、爲正修故。次隨解呈簡、爲識邪正故。次驗氣力、知生熟故。次見病生疑、祟進妙藥故。委的審思求諦當故。日夜精勤、恐緣差故。專心一行、爲成業故。忘身爲法、爲知恩故。如其信力輕微、意無專志。麤行淺解、泛漾隨機。觸事則因事生心、緣無則依無息念。既非動靜之等觀、則順有無之得失。然道不浪階、隨功涉位耳。

衣食誡警第四

衣食由來、長養栽種。墾土掘地、鹽煮蠶蛾。成熟施爲、損傷物命。令他受死、資給自身。但畏飢寒、不觀死苦。殺他活己、痛哉可傷。兼用農功、積力深厚。何獨含靈致命、亦乃信施難消。雖復出家、何德之有。噫、夫欲出超三界、未有絕塵之行。徒爲男子之身、而無丈夫之志。但以終朝擾擾、竟夜昏昏。道德未修、衣食斯費。上乖宏道、下闕利生、中負四恩。誠以爲恥。故智人思之、寧有法死、不無法生。徒自癡迷、貫身賤法耳。

淨修三業第五

貪・瞋・邪見意業。妄言・綺語・兩舌・惡口口業。殺・盜・婬身業。夫欲志求大道者・必先淨修三業。然後於四威儀中・漸次入道。乃至六根所對・隨緣了達。境智雙寂・冥乎妙旨。云何淸淨身業。深自思惟・行住坐臥・四威儀中・檢攝三愆。謂殺盜婬。慈悲撫育・不傷物命。水陸空行・一切含識・命無大小・等心愛護。蠢動蜎飛・無令毀損。危難之流・殷勤拔濟。方便救度・皆令解脫。於他財物・不與不取。乃至鬼神有主物・一針一草・終無故犯。貧窮乞丐・隨己所有。敬心施與・令彼安隱。不求恩報・作是思惟・過去諸佛・經無量劫・行檀布施。象馬七珍・頭目髓腦・乃至身命・捨而無悋。我今亦爾・隨有施與・歡喜供養・心無悋惜。於諸女色・心無染著。凡夫顚倒・爲欲所醉。躭荒迷亂・不知其過。如捉花莖・不悟毒蛇。智人觀之・毒蛇之口・熊豹之手・猛火熱鐵・不以爲喩。銅柱鐵床・焦背爛腸。血肉糜潰・痛徹心髓。作如是觀・惟苦無樂。革囊盛糞・膿血之聚。外假香塗・內惟臭穢・不淨流溢・蟲蛆住處。鮑肆廁孔・亦所不及。智者觀之・但見髮毛爪齒・薄皮厚皮・血肉汗淚涕唾．膿脂．筋脈腦膜．黃痰白痰．肝膽骨髓．肺脾腎胃．心膏膀胱．大腸小腸．生臟熟臟．屎尿臭處。如是等物．一一非人。識風鼓擊妄生言語。詐爲親友其實怨妬。敗德障道爲過至重。應當遠離．如避怨賊。是故智者觀之如毒蛇想。寧近毒蛇．不親女色。何以故。毒蛇殺人．一死一生。女色繫縛．百千萬劫種種楚毒．苦痛無窮。諦察深思．難可附近。是故智者切檢三愆。改往修來．背惡從善。不殺不盜．放生布施。不行婬穢．常修梵行．日夜精勤．行道禮拜．歸憑三寶．志求解脫。於身命財．修三堅法．知身虛幻．無有自性。色卽是空．誰是我者。一切諸法但有假名．無有定實．是我身者．四大五陰．一一非我。和合亦無。內外推求．如水聚沫浮泡陽燄．芭蕉幻化．鏡像水月．畢竟無人。無明不了．妄執爲我。於非實中．橫生貪著．殺生偸盜婬穢荒迷．竟夜終朝．矻矻造業。雖非眞實．善惡報應．如影隨形。作是觀時不以惡求而養身命．應自觀身如毒蛇想。爲治病故．受於四事．身著衣服．如裹癰瘡．口飡滋味．如病服藥．節身儉口．不生奢泰。聞說少欲．深樂修行。故經云．少欲頭陀．善知止足．是人能入賢聖之道。何以故．惡道衆生・經無量刧。饑衣乏食・呌喚號毒。飢寒切楚・皮骨相連。我今暫闕・未足爲苦。是故智者・貴法賤身・勤求至道・不顧形命。是名淨修身業。云何淨修口業。深自思惟・口之四過・生死根本・增長衆惡・傾覆萬行・遞相是非。是故智者・欲拔其源・斷除虛妄・修四實語。正直・柔軟・和合・如實・此之四語・智者所行。何以故。正直語者・能除綺語。柔軟語者・能除惡口。和合語者・能除兩舌。如實語者・能除妄語。正直語者有二・一稱法說。令諸聞者・信解明了。二稱理說。令諸聞者・除疑遣惑。柔軟語亦二・一者安慰語。令諸聞者・歡喜親近。二者宮商清雅。令諸聞者・愛樂受習。和合語者亦二・一事和合・見鬬諍人・諫勸令捨・不自稱譽・卑遜敬物。二理和合。見退菩提心人・殷勤勸進・善能分別菩提煩惱・平等一相。如實語者亦二・一事實者・有則言有・無則言無・是則言是・非則言非。二理實者・一切衆生・皆有佛性・如來涅槃・常住不變。是以智者・行四實語・觀彼衆生・曠劫已來・爲彼四過之所顚倒・沉淪生死・難可出離。我今欲拔其源・觀彼口業・脣舌牙齒・咽喉・臍響・識風鼓擊・音出其中。由心因緣・虛實兩別・實則利益・虛則損滅・實是起善之根慮、是生惡之本。善惡根本由口言詮。詮善之言、名爲四正。詮惡之語、名爲四邪。邪則就苦、正則歸樂。善是助道之緣、惡是敗德之本。是故智者、要心扶正。實語自立、翻經念佛。觀語實相、言無所存。語默平等、是名修口業。云何淨修意業。深自思惟、善惡之源、皆從心起。邪念因緣、能生萬惡。正觀因緣、能生萬善。故經云、三界無別法、惟是一心作。當知心是萬法之根本也。云何邪念。無明不了、妄執爲我。我見堅固、貪瞋邪見、橫計所有、生諸染著。故經云、因有我故、便有我所。故起於斷常六十二見。見思相續、九十八使。三界生死、輪迴不息。當知邪念、衆惡之本。是故智者、制而不隨。云何正觀。彼我無差、色心不二。菩提煩惱、本性無殊。生死涅槃、平等一照。故經云、離我我所、觀於平等。我及涅槃、此二皆空。當知諸法、但有名字。故經云、乃至涅槃、亦但有名字。又云、文字性離、名字亦空。何以故。法不自名、假名詮法。法既非法、名亦非名。名不當法、法不當名。名法無當、一切空寂。故經云、法無名字、言語斷故。是以妙相絕名、眞名非字。何以故。無爲寂滅、至極微妙。絕相離名、心言路絕。當知正觀、遡源之要也。是故智者正觀因緣，萬惑斯遣。境智雙忘，心源淨矣。是名淨修意業。

三乘漸次第六

夫妙道沖微，理絕名相之表。至眞虛寂，量越羣數之外。而能無緣之慈，隨有機而感應。不二之旨，逐根性而區分。順物忘懷，施而不作。終日說示，不異無言。設教多途，無乖一揆。是以大聖慈悲，隨機利物。統其幽致，羣籍非殊。中下之流，觀諦緣而自小。高上之士，御六度而成大。由是品類愚迷，無能自曉。或因說而悟解，故號聲聞。原其所修，四諦而爲本行。觀無常而生恐，念空寂以求安。患六道之輪迴，惡三界之生死。見苦常懷厭離，斷集恆畏其生。證滅獨契無爲，修道惟論自度。大誓之心未普，攝化之道無施。六和之敬空然，三界之慈靡運。因乖萬行，果闕圓常。六度未修，非小何類。如是則聲聞之道也。或有不因他說，自悟非常。偶緣散而體眞，故名緣覺。原其所習，十二因緣而爲本行。觀無明而卽空，達諸行而無作。二因既非其業，五果之報何酬。愛取有以無疵，老死亦何所累。故能翛然獨脫，淨處幽居。觀物變而悟非常，覩秋零而入眞道。四儀庠序、攝心慮以恬愉。性好單棲、憩閑林而自適。不欣說法、現神力以化他。無佛之世出興、作佛燈之後。餤身惟善寂、意翫清虛。獨宿孤峯、觀物散滅、利他不普、自益未圓。於下有勝、於上不足。兩非其類、位取中乘。如此、辟支佛道也。如其根性本、明元功宿著。學非博涉、解自先知、心無所緣、而能利物、慈悲至大、愛見之所不拘。終日度生。不見生之可度、一異齊旨、解惑同源。人法俱空、故名菩薩。原其所修、六度而爲正因。行施則盡命傾財、持戒則吉羅無犯。忍辱則深明非我、割截何傷、安耐毀譽、八風不動。精進則勤求至道、如救頭然。自行化他、剎那之傾無間。禪那則身心寂怕、安般希微。住寂定以自資、運四儀而利物。智慧則了知緣起、自性無生、萬法皆如、眞源至寂。雖知煩惱無可捨、菩提無可取、而能不證無爲。度生長劫、廣修萬行、等觀羣方、下及諦緣、上該不共。大誓之心、普被四攝之道、通收總三界以爲家、括四生而爲子。悲智雙運、福慧兩嚴、超越二乘、獨居其上。如是則大乘之道也。是以一眞之理、逐根性以階差、取益隨機、三乘之唱備矣。然而至理虛元、窮微絕妙、尙非其一、何是於三不三之三而言三不一之一而言一一三非三尙不三三一之一亦何一一不一自非三三不三自非一非一一非三不留非三三非一不立不立之一本無三不留之三本無一一三本無無亦無無無無本故絕妙如是則一何所分三何所合合分自於人耳何理異於言哉譬夫三獸渡河河一甯從獸合復何獨河非獸合亦乃獸不河分河尙不成三河豈得以河而合獸獸尙不成一獸豈得以獸而三河河非獸而何三獸非河而何一一河獨包三獸而河未曾三三獸共履一河而獸未嘗一獸之非一明其足有長短河之不三知其水無深淺水無深淺譬法之無差足有短長類智之有明昧如是則法本無三而人自三耳今之三乘之初四諦最標其首法之既以無差四諦亦何非大而言聲聞同觀之位居其小者哉是知諦似於河人之若獸聲聞最劣與兎爲儔雖復奔波甯窮浪底未能知其深極位自居卑何必觀諦之流一槩同其成小如其智照高明量齊香象則可以窮源盡際煥然成大矣故知下智觀者得聲聞果中智觀者得緣覺果上智觀者得菩薩果明宗皎然豈容圖度

者矣。是以聲聞見苦而斷集。緣覺悟集散而觀離。菩薩了達眞源．知集本無和合。三人同見四諦證果之所差殊．良由觀有淺深．對照明其高下耳。是以下乘行下．中上之所未修。上乘行上而修中下。中行中下不修於上。上中下之在人．非諦令其大小耳。然三乘雖殊．同歸出苦之要。聲聞雖小．見愛之惑已祛。故於三界無憂．分段之形滅矣。三明照耀開朗．八萬之劫現前。六通縱任無爲．山壁遊之直渡。時復空中行住．或坐臥之安然。泛沼則輕若鴻毛．涉地則猶如履水。九定之功滿足．十八之變隨心。然三藏之佛．望六根淸淨位有齊有劣。同除四住．此處爲齊．若伏無明．三藏則劣。佛尚爲劣．二乘可知。望上斷伏雖殊．於下迷悟有隔。如是則二乘何咎．而欲不修者乎。如來爲對大根．引歸寶所．令修種智．同契圓伊。或毀或讚．抑揚當時耳。凡夫不了．預畏被呵嘖．知見愛尚存．去二乘而甚遠。雖復言其修道．惑使諸所不祛。非惟身口未端．亦乃心由諂曲．見生自意．解背眞詮．聖教之所不依．明師未曾承受．根緣非唯宿習見解未預．生知而能世智辯聰．談論以之終日。時復牽於經語．曲會私情．縱邪說以誑愚人。撥因果而排罪福。順情則嬉怡生愛。違意則忿懥懷嗔。三受之狀固然、稱位乃儔菩薩。初篇之非未免、過人之釁又縈。大乘之所不修、而復譏於小學。恣一時之强口、謗說之患鏗然。三途苦輪報之長刼。哀哉、吁哉、言及愴然悲酸矣。然而達性之人、對境彌加其照。忘心之士、相善不涉其懷。況乎三業之邪非、甯有歷心於塵滴。是以鑒元之侶、淨三受於心源。滌穢之流、掃七支於身口。無情罔侵塵業、有識無惱蜎螟、幽澗未足比其清。飛雪無以方其素。養德若羽翬揚翅、望星月以窮高。棄惡若鱗衆驚鉤、投江瀛而盡底。元曦慚其照遠、上界恧以緣消。境智合以圓虛、定慧均而等妙。桑田改而心無易。海嶽遷而志不移。而能處憒非喧、凝神挺照。心源明淨、慧解無方。觀法性而達眞如、鑒金文而依了義。如是則一念之中、何法門而不具。如其妙慧未彰、心無準的、解非契理、行闕超塵。乖法性而順常情、背圓詮而執權說。如是則次第隨機、對根源而設教矣。是以敘其綱紀、委悉餘所未明。深淺宗途、略言其趣。三乘之學、影響知其分位耳。

永嘉禪宗集卷上終

永嘉禪宗集卷下

唐永嘉沙門元覺撰
明天台山幽溪沙門傳燈重編

事理不二第七

夫妙悟通衢。則山河非壅。迷名滯相。則絲毫成隔。然萬法本源。由來實相。塵沙惑趣。原是眞宗。故物像無邊。般若無際者。以其法性本眞。了達成智故也。譬夫行由通徑。則萬里可期。如其觸物衝渠。則終朝域內。以其不知物有無形之畔。渠有窮處之域故也。是以學遊中道。則實相可期。如其執有滯無。則終歸邊見。以其不知有有非有之相。無有非無之實故也。今之色像紛紜。窮之則非相。音聲吼喚。究之則無言。迷之則謂有形聲。悟之則知其闃寂。如是則眞諦不乖於事理。即事理之體元眞。妙智不異於了知。即了知之性元智。然而妙智絕言。假文言以詮旨。眞宗非相。假名相以標宗。譬夫象非雪山。假雪山而類象者。此但取其能類耳。豈以雪山而爲象耶。今之法非常而執有，假非有以破常性。非斷而執無，假非無而破斷。類如淨非水灰，假水灰而洗淨者。此但取其能洗耳，豈以水灰而爲淨耶。故知中道不偏，假二邊而辨正。斷常非是。寄無有以明非若有若無。言既非非有非無，亦何是。信知妙達元源者，非常情之所測也，何者，妄非愚出，眞不智生，達妄名眞，迷眞曰妄，豈有妄隨愚變，眞逐智迴。眞妄不差，愚智自異耳，夫欲妙識元宗，必先審其愚智，善須明其眞妄。若欲明其眞妄，復當究其名體。名體若分，眞妄自辨，眞妄既辨，愚智迢然，是以愚無了智之能，智有達愚之實。故知非智無以明其眞妄，非智莫能辨其名體，何者，或有名而無體，或因體而施名，名體混緒，實難窮究矣。是以體非名而不辨，名非體而不施，言體必假其名，語名必藉其體。今之體外施名者，此但名其無體耳，豈有體當其名耶，譬夫兎無角以施名，此則名其無角耳，豈有角當其名耶，無體而施名者，則名無實名也，名無實名，則所名無也，所名既無，能名不有也，何者，設名本以名其體，無體何以當其名。言體本以當其名，無名何以當其體。體無當而非體，名無名而非名，此則何獨體而元虛。亦乃名而本寂也。然而無體當名。由來若此。名之體當何所云爲。夫體不自名。假他名而名我體。名非自設。假他體而施我名。若體之未形。則名何所名。若名之未設。則體何所明。然而明體雖假其名。不爲不名而無體耳。設名要因其體。無體則名之本無。如是則體不名生。名生於體耳。今之體在名前。名從體後。辨者如此。則設名以名其體。故知體是名源耳。則名之所由。緣起於體。體之元緒。何所因依。夫體不我形。假緣會而成體。緣非我會。因會體而成緣。若體之未形。則緣何所會。若緣之未會。則體何所形。體形則緣會而形。緣會則體形而會。體形而會則明形無別會。形無別會。則會本無也。緣會而形則明會無別形。會無別形。則形本無也。是以萬法從緣。無自體耳。體而無自。故名性空。性之既空。雖緣會而非有。緣之既會。雖性空而不無。是以緣會之有。有而非有。性空之無。無不當無。何者。會即性空。故言非有。空即緣會。故曰非無。今言不有不無者。非是離有別有一無也。亦非離無別有一有也。如是則明法非有無。故以非有非無名耳。不是非有非無。既非有無。又非非有非無也。

如是則何獨言語道斷亦乃心行處滅也。

簡示偏圓第八

戒中三應須具。一攝律儀戒謂斷一切惡。二攝善法戒謂修一切善。三饒益有情戒謂誓度一切衆生。定中三應須別。一安住定謂妙性天然本自非動。二引起定謂澄心寂怕發瑩增明。三辦事定謂定水凝淸萬像斯鑒。慧中三應須別。一人空慧謂了陰非我。卽陰中無我。如龜毛兎角。二法空慧謂了陰等諸法緣假非實。如鏡像水月。三空空慧謂了境智俱空。是空亦空。見中三應須識。一空見謂見空而見非空。二不空見謂見不空而見非不空。三性空見謂見自性而見非性。偏中三應須簡。一有法身無般若解脫。二有般若無解脫法身。三有解脫無法身般若。有一無二故不圓。不圓故非性。又偏中三應須簡。一有法身般若無解脫。二有般若解脫無法身。三有解脫法身無般若。有二無一故不圓。不圓故非性。圓中三應須具。一法身不癡卽般若。般若無著卽解脫。解脫寂滅卽法身。二般若無著卽解脫。解脫寂滅卽法身。法身不癡。卽般若。三解脫寂滅。卽法身。法身不癡。卽般若。般若無著。卽解脫。舉一卽具三。言三體卽一。此因中三德。非果上三德。欲知果上三德。法身有斷德。邇因斷惑而顯德。故名斷德。自受用身有智德。具四智眞實功德。故他化二身有大恩德。他受用身於十地菩薩有恩德。故三種化身於菩薩二乘異生有恩。故三諦四智除成所作智爲緣俗諦故。然法無淺深。而照之有明昧。心非垢淨。而解之有迷悟。搬入初心。迷復何非淺。終契圓理。達始何非深。迷之失理而自差。悟之失差而卽理。迷悟則同其致。故漸次名焉。

正修止觀第九

奢摩他頌。恰恰用心時。恰恰無心用。無心恰恰用。常用恰恰無。夫念非忘塵而不息。塵非息念而不忘。忘塵則息念而忘。念息則忘塵而息。忘塵而息。息無能息。息念而忘。忘無所忘。忘無所忘。塵遺非對。息無能息。念滅非知。知滅對遺。一向冥寂。闃爾無寄。妙性天然。如火得空。火則自滅。空喻妙性之非相。火比妄念之不生。其辭曰。忘緣之後寂寂靈知之性歷歷無記昏昧昭昭契本眞空的的惺惺寂寂是無記寂寂非寂寂惺惺是亂想惺惺非若以知知寂此非無緣知如手執如意非無如意手若以自知知亦非無緣知如手自作拳非是不拳手亦不知知寂亦不自知知不可爲無知自性了然故不同於木石手不執如意亦不自作拳不可爲無手以手安然故不同於兎角復次修心漸次者夫以知知物物在知亦在若以知知知知則離物物離猶知在起知知於知後知若生時前知早已滅二知既不竝但得前知滅滅處爲知境能所俱非眞前則滅滅引知後則知知續滅生滅相續自是輪迴之道今言知者不須知知但知而已則前不接滅後不引起前後斷續中間自孤當體不顧應時消滅知體既已滅豁然如託空寂爾少時間惟覺無所得卽覺無覺無覺之覺異乎木石此是初心處冥然絕慮乍同死人能所頓忘纖緣盡淨闃爾虛寂似覺無知無知之性異乎木石此是初心處領會難爲奢摩他之餘入初心時三不應有一惡謂思惟世間五欲等因緣二善謂思惟世間雜善等事三無記謂善惡不思闃爾昏住

復次初修心人入門之後須識五念一故起二串習三接續四別生五卽靜故起念者謂起心思惟世間五欲及雜善等事串習念者謂無心故憶忽爾思惟善惡等事接續念者謂串習忽起知心馳散又不制止更復續前思惟不住別生念者謂覺知前念是散亂卽生慚愧改悔之心卽靜念者謂初坐時更不思惟世間善惡及無記等事卽此作功故言卽靜串習一念初心者多接續故起二念懈怠者有別生一念慚愧者多卽靜一念精進者有串習接續故起別生四念爲病卽靜一念爲藥雖復藥病有殊總束俱名爲念得此五念停息之時名爲一念相應一念者靈知之自性也然五念是一念枝條一念是五念根本復次若一念相應之時須識六種料簡一識病二識藥三識對治四識過生五識是非六識正助第一病者有二種一緣慮二無記緣慮者善惡二念也雖無差殊俱非解脫是故總束名爲緣慮無記者雖不緣善惡等事然俱非眞心但是昏住此二種名爲病第二藥者亦有二種一寂寂二惺惺寂寂謂不念外境善惡等事惺惺謂不生昏住無記等相此二種名爲藥第三對

治者。以寂寂治緣慮。以惺惺治昏住。用此二藥。對破二病。故名對治。第四過生者。謂寂寂久生昏住。惺惺久生緣慮。因藥發病。故曰過生。第五識是非者。寂寂不惺惺。此乃昏住。惺惺不寂寂。此乃緣慮。不惺惺不寂寂。此乃非但緣慮。亦乃入昏而住。亦寂寂亦惺惺。非唯歷歷。兼復寂寂。此乃還源之妙性也。此四句者。前三句非。後一句是。故云識是非。第六正助者。以惺惺爲正。以寂寂爲助。此之二事。體不相離。猶如病者。因杖而行。以行爲正。以杖爲助。夫病者欲行。必先取杖。然復方行。修心之人。亦復如是。必先息緣慮。令心寂寂。次當惺惺。不致昏沉。令心歷歷。歷歷寂寂。二名一體。更不異時。譬夫病者欲行。闕杖不可。正行之時。假杖故能行。作功之人。亦復如是。歷歷寂寂。不得異時。雖有二名。其體不別。又曰。亂想是病。無記亦病。寂寂是藥。惺惺亦藥。寂寂破亂想。惺惺治無記。寂寂生無記。惺惺生亂想。寂寂雖能治亂想。而復還生無記。惺惺雖能治無記。而復還生亂想。故曰。惺惺寂寂是。無記寂寂非。寂寂惺惺是。亂想惺惺非。寂寂爲助。惺惺爲正。思之。復次料簡之後。須明識一念之中五陰。謂歷歷分別。明識相應。卽是識陰。領納在心。卽是受陰。心緣此理。卽是想陰。行用此理。卽是行陰。汚穢眞理。卽是色陰。此五陰者。舉體卽是一念。此一念者。舉體全是五陰。歷歷見此一念之中。無有主宰。卽有空慧。見如幻化。卽法空慧。是故須識此五念及六種料簡。願弗嫌之。如取眞金。明識瓦礫。及以僞寶。但盡除之。縱不識金。金體自現。何憂不得。毘婆舍那頌。夫境非智而不了。智非境而不生。智生則了境而生。境了則智生而了。智生而了。了無所了。了境而生。生無能生。生無能生。雖智而非有。了無所了。雖境而非無。無卽不無。有卽非有。有無雙照。妙悟蕭然。如火得薪。彌加熾然。薪喻發智之多境。火比了境之妙智。其辭曰。達性空而非縛。雖緣假而非著。有無之境雙照中觀之心歷落。若智了於境。卽是境空智。如眼了花空。是了花空眼。若智了於智。卽是智空智。如眼了眼空。是了眼空眼。智雖了境空。及以了智空。非無了境智。境空智猶存。了境智空智。無境智不了。如眼了花空。及以了眼空。非無了花眼。花空眼猶有。了花眼空眼。無花眼不了。復次一切諸法。悉假因緣。因緣所生。皆無自性。一法旣爾。萬法皆然。境智相從．于何不寂。何以故．因緣之法．性無差別故。今之三界輪迴．六道升降。淨穢苦樂．凡聖差殊。皆由三業四儀六根所對。隨情造業．果報不同。善則受樂．惡則受苦。故經云．善惡爲因．苦樂爲果。當知法無定相．隨緣搆集。緣非我有．故曰性空。空故非異．萬法皆如。故經云．色卽是空．四陰亦爾。如是則何獨凡類緣生。亦乃三乘聖果．皆從緣有。是故經云．佛種從緣起。是以萬機叢湊．達之者則無非道場。色像無邊．悟之者則無非般若。故經云．色無邊故．當知般若亦無邊。何以故．境非智而不了．智非境而不生。智生則了境而生．境了則智生而了。智生而了．了無所了。了境而生．生無能生。生無能生．則內智寂寂。了無所了．則外境如如。如如寂寂無差．境智冥一．萬累都泯．妙旨存焉。故經云．般若無知．無所不知。如是則妙旨非知．不知而知矣。優畢叉頌。

夫定亂分歧．動靜之源莫二。愚慧乖路．明闇之本非殊。羣迷從暗而背明．捨靜以求動。衆悟背動而從靜．捨暗以求明。明生則轉愚成慧。靜立則息亂、定。定立由乎背動．慧生因乎捨暗。暗動連繫於樊籠。靜明相趨於物表。物不能愚．功由於慧．煩不能動功由於定。定慧更資於靜明。愚亂相纏於暗動。動而能靜者。卽亂而定也。暗而能明者。卽愚而慧也。如是則暗動之本無差。靜明由茲合消。愚亂之源非異。定慧於是同宗。宗同則無緣之慈。定慧則寂而常照。寂而常照則雙與。無緣之慈則雙奪。雙奪故優畢叉。雙與故毘婆舍那。以奢摩他故雖寂而常照。以毘婆舍那故雖照而常寂。以優畢叉故非照而非寂。照而常寂故說俗而卽眞。寂而常照故說眞而卽俗。非寂非照故杜口於毘耶。

觀心十門第十

復次觀心十門。初則言其法爾。次則出其觀體。三則語其相應。四則警其上慢。五則誡其疏怠。六則重出觀體。七則明其是非。八則簡其詮旨。九則觸途成觀。十則妙契元源。第一言其法爾者。夫心性虛通。動靜之源不二。眞如絕慮。緣計之念非殊。惑見紛馳。窮之則唯一寂。靈源不狀。鑒之則以千差。千差不同。法眼之名自立。一寂非異。慧眼之號斯存。理量雙消。佛眼之功圓著。是以三諦一境。法身之理恒淸。三智一心。

般若之明常照。境智冥合、解脫之應隨機。非縱非橫、圓伊之道元會。故知三德妙性、宛爾無乖。一心深廣難思、何出要而非路。是以卽心爲道者、可謂尋流而得源矣。第二出其觀體者。祇知一念卽空不空。非空非不空。第三語其相應者。心與空相應、則譏毀讚譽。何憂何喜。身與空相應、則刀割香塗、何苦何樂。依報與空相應、則施與劫奪、何得何失。心與空不空相應、則愛見都忘、慈悲普救。身與空不空相應、則內同枯木、外現威儀。依報與空不空相應、則永絕貪求、資財給濟。心與空不空非空非不空相應、則實相初明、開佛知見。身與空不空非空非不空相應、則一塵入正受、諸塵三昧起。依報與空不空非空非不空相應、則香臺寶閣、嚴土化生。第四警其上慢者。若不爾者、則未相應也。第五誡其疏怠者、然渡海應須上船、非船何以能渡。修心必須入觀、非觀無以明心。心尚未明、相應何日。思之勿自恃也。第六重出觀體者、祇知一念卽空不空。非有非無。不知卽念卽空不空、非非有非非無。第七明其是非者、心不是有、心不是無。心不非有、心不非無。是有是無卽墮是。非有非無卽墮非。如是、祇是是非之非。未是非是、非非之是。今以雙非、破兩是。是破非是、猶是非。又以雙非、破兩非。非破非非、卽是是。如是、祇是非是非非之是。未是不非、不不非。不是、不不是。是非之惑、綿微難見。神淸慮靜、細而研之。第八簡其詮旨者。然而至理無言、假文言以明其旨。旨宗非觀、藉修觀以會其宗。若旨之未明、則言之未的。若宗之未會、則觀之未深。深觀乃會其宗。的言必明其旨。旨宗既其明會、言觀何得復存耶。第九觸途成觀者。夫再演言辭、重標觀體。欲明宗旨無異、言觀有逐方移。移言則言理無差、改觀則觀旨不異。不異之旨卽理、無差之理卽宗。宗旨一而二名、言觀明其弄引耳。第十妙契元源者。夫悟心之士、甯執觀而迷旨。達教之人、豈滯言而惑理。理明則言語道斷、何言之能議。旨會則心行處滅、何觀之能思。心言不能思議者、可謂妙契寰中矣。

永嘉禪宗集卷下終

永嘉眞覺禪師證道歌

君不見．絕學無爲閒道人。不除妄想．不求眞。無明實性．卽佛性。幻化空身．卽法身。法身覺了．無一物。本源自性．天眞佛。五陰浮雲．空去來。三毒水泡．虛出沒。證實相．無人法。刹那滅卻．阿鼻業。若將妄語．誑衆生。自招拔舌．塵沙劫。頓覺了．如來禪。六度萬行．體中圓。夢裏明明．有六趣。覺後空空．無大千。無罪福．無損益。寂滅性中．莫問覓。比來塵鏡．未曾磨。今日分明．須剖晰。誰無念．誰無生。若實無生．無不生。喚取機關．木人問。求佛施功．早晚成。放四大．莫把捉。寂滅性中．隨飲啄。諸行無常．一切空。卽是如來．大圓覺。決定說．表眞乘。有人不肯．任情徵。直截根源．佛所印。摘葉尋枝．我不能。摩尼珠．人不識。如來藏裏．親收得。六般神用．空不空。一顆圓光．色非色。淨五眼．得五力。唯證乃知．誰可測。鏡裏看形．見不難。水中捉月．爭拈得。常獨行．常獨步。達者同遊．涅槃路。調古神淸．風自高。貌悴骨剛．人不顧。窮釋子．口稱貧。實是身貧．道不貧。貧則身常披縷褐。道卽心藏、無價珍。無價珍、用無盡、利物應時終不悋。三身四智、體中圓。八解六通、心地印。上士一決、一切了。中下多聞多不信。但自懷中解垢衣。誰能向外誇精進。從他謗、任他非。把火燒天徒自疲。我聞恰似飲甘露。銷融頓入不思議。觀惡言、是功德。此則成吾善知識。不因訕謗起怨親。何表無生慈忍力。宗亦通、說亦通。定慧圓明、不滯空。非但我今獨達了。河沙諸佛體皆同。師子吼、無畏說。百獸聞之皆腦裂。香象奔波失郤威。天龍寂聽生欣悅。遊江海、涉山川。尋師訪道爲叅禪。自從認得曹谿路。了知生死不相干。行亦禪、坐亦禪。語默動靜體安然。縱遇鋒刀常坦坦。假饒毒藥也閒閒。我師得見然燈佛。多刼曾爲忍辱仙。幾迴生、幾迴死。生死悠悠無定止。自從頓悟了無生。於諸榮辱何憂喜。入深山、住蘭若。岑崟幽邃長松下。優游靜坐野僧家。闃寂安居實蕭灑。覺卽了、不施功。一切有爲法不同。住相布施生天福。猶如仰箭射虛空。勢力盡、箭還墜。招得來生不如意。爭似無爲實相門。一超直入如來地。但得本、莫愁末。如淨琉璃含寶月。既能解此如意珠。自利利他終不竭。江月炤、松風吹。永夜淸宵．何所爲。佛性戒珠．心地印。霧露雲霞．體上衣。降龍鉢．解虎錫。兩股金環．鳴歷歷。不是標形．虛事持。如來寶杖．親蹤跡。不求眞．不斷妄。了知二法．空無相。無相無空．無不空。卽是如來．眞實相。心鏡明．鑒無礙。廓然瑩徹．周沙界。萬象森羅．影現中。一顆圓明．非內外。豁達空．撥因果。莽莽蕩蕩．招殃禍。棄有著空．病亦然。還如避溺．而投火。捨妄心．取眞理。取捨之心．成巧僞。學人不了．用修行。眞成認賊．將爲子。損法財．滅功德。莫不由斯．心意識。是以禪門．了却心。頓入無生．知見力。大丈夫．秉慧劍。般若鋒兮．金剛燄。非但能摧．外道心。早曾落却．天魔膽。震法雷．擊法鼓。布慈雲兮．灑甘露。龍象蹴踏．潤無邊。三乘五性．皆惺悟。雪山肥膩．更無雜。純出醍醐．我常納。一性圓通．一切性。一法徧含．一切法。一月普現．一切水。一切水月．一月攝。諸佛法身．入我性。我性還共．如來合。一地具足．一切地。非色非心．非行業。彈指圓成．八萬門。剎那滅却．三祇劫。一切數句．非數句。與吾靈覺．何交涉。不可毀．不可讚。體若虛空．勿涯岸。不離當處．常湛然。覓則知君．不可見。取不得．捨不得。不可得中．只麼得。默時說．說時默。大施門開．無壅塞。有人問我解何宗。報道摩訶般若力。或是或非人不識。逆行順行天莫測。吾早曾經多劫修。不是等閑相誑惑。建法幢立宗旨。明明佛勅曹溪是。第一迦葉首傳燈。二十八代西天記。法東流入此土。菩提達磨爲初祖。六代傳衣天下聞。後人得道無窮數。眞不立妄本空。有無俱遣不空空。二十空門元不著。一性如來體自同。心是根法是塵。兩種猶如鏡上痕。痕垢盡除光始現。心法雙亡性卽眞。嗟末法惡時世。衆生福薄難調制。去聖遠兮邪見深。魔強法弱多怨害。聞說如來頓敎門。恨不滅除令瓦碎。作在心殃在身。不須怨訴更尤人。欲得不招無間業。莫謗如來正法輪。栴檀林無雜樹。鬱密深沈師子住。境靜林閒獨自遊。走獸飛禽皆遠去。師子兒衆隨後。三歲卽能大哮吼。若是野干逐法王。百年妖怪虛開口。圓頓敎勿人情。有疑不決直須爭。不是山僧逞人我。修行恐落斷常坑。非不非是不是。差之毫釐失千里。是卽龍女頓成佛。非卽善星生陷墜。吾早年來積學問。亦曾討疏尋經論。分別名相不知休。入海算沙徒自困。卻被如來苦訶責。數他珍寶有何益。從來蹭蹬覺虛行。多年枉作風塵客。種性邪、錯知解。不達如來、圓頓制。二乘精進、勿道心。外道聰明、無智慧。亦愚癡、亦小騃。空拳指上生實解。執指爲月枉施功。根境法中虛揑怪。不見一法卽如來。方得名爲觀自在。了卽業障本來空。未了還須償宿債。飢逢王饍不能餐。病遇醫王爭得差。在欲行禪、知見力。火中生蓮終不壞。勇施犯重悟無生。早時成佛于今在。師子吼、無畏說。深嗟懵懂頑皮靼。只知犯重障菩提。不見如來開祕訣。有二比丘犯淫殺。波離螢光增罪結。維摩大士頓除疑。還同赫日銷霜雪。不思議、解脫力。妙用恒沙也無極。四事供養敢辭勞。萬兩黃金亦銷得。粉骨碎身未足酬。一句了然超百億。法中王、最高勝。河沙如來同共證。我今解此如意珠。信受之者皆相應。了了見、無一物。亦無人、亦無佛。大千沙界海中漚。一切聖賢如電拂。假使鐵輪頂上旋。定慧圓明終不失。日可冷、月可熱。衆魔不能壞眞說。象駕崢嶸謾進途。誰見螗蜋能拒轍。大象不遊於兎逕。大悟不拘於小節。莫將管見謗蒼蒼。未了吾今爲君訣。

傳心法要

筠州黃蘗山斷際禪師傳心法要

唐河東裴休集幷序

有大禪師。法諱希運。住洪州高安縣黃蘗山鷲峯下。乃曹溪六祖之嫡孫。西堂百丈之法姪。獨佩最上乘離文字之印。唯傳一心。更無別法。心體亦空。萬緣俱寂。如大日輪昇虛空中。光明照耀。淨無纖埃。證之者無新舊。無淺深。說之者不立義解。不立宗主。不開戶牖。直下便是。運念卽乖。然後爲本佛。故其言簡。其理直。其道峻。其行孤。四方學徒。望山而趨。覩相而悟。往來海衆。常千餘人。予會昌二年。廉于鍾陵。自山迎至

州憇龍興寺。旦夕問道。大中二年廉于宛陵。復去禮
迎至所部。安居開元寺。旦夕受法。退而紀之。十得一
二。佩為心印。不敢發揚。今恐入神精義不聞於未來。
遂出之。授門下僧太舟法建。歸舊山之廣唐寺。問長
老法衆。與往日常所親聞同異何如也。時唐大中十
一年十月初八日序。

師謂休曰。諸佛與一切衆生。唯是一心。更無別法。此
心無始已來。不曾生不曾滅。不青不黃。無形無相。不
屬有無。不計新舊。非長非短。非大非小。超過一切限
量名言蹤跡對待。當體便是。動念卽乖。猶如虛空無

有邊際、不可測度。唯此一心卽是佛。佛與衆生更無別異、但是衆生著相外求。求之轉失。使佛覓佛。將心捉心。窮劫盡形、終不能得。不知息念忘慮、佛自現前。此心卽是佛。佛卽是衆生。爲衆生時此心不減。爲諸佛時此心不添。乃至六度萬行河沙功德。本自具足。不假修添。遇緣卽施。緣息卽寂。若不決定信此是佛。而欲著相修行以求功用。皆是妄想。與道相乖。此心卽是佛。更無別佛。亦無別心。此心明淨。猶如虛空。無一點相貌。擧心動念卽乖法體。卽爲著相。無始已來無著相佛。修六度萬行欲求成佛。卽是次第。無始已來無次第佛。但悟一心。更無少法可得。此卽眞佛。佛與衆生一心無異。猶如虛空無雜無壞。如大日輪照四天下。日升之時明徧天下。虛空不曾明。日沒之時暗徧天下。虛空不曾暗。明暗之境自相陵奪。虛空之性廓然不變。佛及衆生心亦如此。若觀佛作淸淨光明解脫之相。觀衆生作垢濁暗昧生死之相。作此解者。歷河沙劫終不得菩提。爲著相故。唯此一心。更無微塵許法可得。卽心是佛。如今學道人。不悟此心體。便於心上生心。向外求佛。著相修行。皆是惡法。非菩提道。供養十方諸佛。不如供養一箇無心道人。何故。

無心者無一切心也如如之體內如木石不動不搖外如虛空不塞不礙無能所無方所無相貌無得失趨者不敢入此法恐落空無棲泊處故望崖而退例皆廣求知見所以求知見者如毛悟道者如角文殊當理普賢當行理者眞空無礙之理行者離相無盡之行觀音當大慈勢至當大智維摩者淨名也淨者性也名者相也性相不異故號淨名諸大菩薩所表者人皆有之不離一心悟之卽是今學道人不向自心中悟乃於心外著相取境皆與道背恆河沙者佛說是沙諸佛菩薩釋梵諸天步履而過沙亦不喜牛

羊蟲蟻踐踏而行沙亦不怒。珍寶馨香沙亦不貪。糞尿臭穢沙亦不惡。此心卽無心之心離一切相。眾生諸佛更無差別。但能無心便是究竟。學道人若不直下無心。累劫修行終不成道。被三乘功行拘繫不得解脫。然證此心有遲疾。有聞法一念便得無心者。有至十信十住十行十迴向乃得無心者。有至十地乃得無心者。長短得無心乃住。更無可修可證。實無所得。眞實不虛。一念而得與十地而得者功用恰齊更無深淺。祇是歷劫枉受辛勤耳。造惡造善皆是著相。著相造惡枉受輪迴。著相造善枉受勞苦。總不如言下便自認取本法。此法卽心。心外無法。此心卽法。法外無心。心自無心。亦無無心者。將心無心。心卻成有。默契而已。絕諸思議。故曰言語道斷。心行處滅。此心是本源淸淨佛。人皆有之。蠢動含靈與諸佛菩薩。一體不異。祇爲妄想分別。造種種業果。本佛上實無一物。虛通寂靜。明妙安樂而已。深自悟入。直下便是。圓滿具足。更無所欠。縱使三祇精進修行。歷諸地位。及一念證時。祇證元來自佛。向上更不添得一物。卻觀歷劫功用。總是夢中妄爲。故如來云。我於阿耨菩提實無所得。若有所得。然燈佛則不與我授記。又云。是法平等無有高下。是名菩提。卽此本源清淨心。與衆生諸佛世界山河有相無相徧十方界。一切平等無彼我相。此本源清淨心。常自圓明徧照。世人不悟祗認見聞覺知爲心。爲見聞覺知所覆。所以不覩精明本體。但直下無心。本體自現。如大日輪昇於虛空徧照十方更無障礙。故學道人唯認見聞覺知施爲動作。空卻見聞覺知卽心路絕無入處。但於見聞覺知處認本心。然本心不屬見聞覺知。亦不離見聞覺知。但莫於見聞覺知上起見解。亦莫於見聞覺知上動念。亦莫離見聞覺知覓心。亦莫捨見聞覺知取法。不即不離。不住不著。縱橫自在。無非道場。世人聞道諸佛皆傳心法。將謂心上別有一法可證可取。遂將心覓法。不知心即是法法即是心。不可將心更求於心。歷千萬劫終無得日。不如當下無心便是本法。如力士迷額內珠向外求覓。周行十方終不能得。智者指之。當時自見本珠如故。故學道人迷自本心不認爲佛。遂向外求覓。起功用行。依次第證。歷劫勤求永不成道。不如當下無心。決定知一切法本無所有。亦無所得。無依無住。無能無所。不動妄念。便證菩提。及證道時。祇證本心佛。歷劫功用。並是虛修。如力士得珠

時祇得本額珠不關向外求覓之力故佛言我於阿耨菩提實無所得恐人不信故引五眼所見五語所言眞實不虛是第一義諦

學道人莫疑四大爲身四大無我我亦無主故知此身無我亦無主五陰爲心五陰無我亦無主故知此心無我亦無主六根六塵六識和合生滅亦復如是十八界既空一切皆空唯有本心蕩然淸淨有識食有智食四大之身飢瘡爲患隨順給養不生貪著謂之智食恣情取味妄生分別唯求適口不生厭離謂之識食聲聞者因聲得悟故謂之聲聞但不了自心

於聲教上起解。或因神通。或因瑞相。言語運動。聞有菩提涅槃三僧祇劫修成佛道。皆屬聲聞道。謂之聲聞佛。唯直下頓了自心本來是佛。無一法可得。無一行可修。此是無上道。此是眞如佛。學道人祇怕一念有。卽與道隔矣。念念無相。念念無爲。卽是佛。學道人若欲得成佛。一切佛法總不用學。唯學無求無著。無求卽心不生。無著卽心不滅。不生不滅卽是佛。八萬四千法門、對八萬四千煩惱。祇是教化接引門。本無一切法、離卽是法。知離者是佛。但離一切煩惱、是無法可得。

學道人若欲得知要訣。但莫於心上著一物。言佛眞法身猶若虛空。此是喻法身卽虛空虛空卽法身。常人謂法身徧虛空處處虛空中含容法身。不知法身卽虛空虛空卽法身也。若定言有虛空虛空不是法身。若定言有法身法身不是虛空。但莫作虛空解。虛空卽法身。莫作法身解。法身卽虛空。虛空與法身無異相。佛與衆生無異相。生死與涅槃無異相。煩惱與菩提無異相。離一切相卽是佛。凡夫取境。道人取心。心境雙忘。乃是眞法。忘境猶易。忘心至難。人不敢忘心。恐落空無撈摸處。不知空本無空。唯一眞法界耳。此靈覺性無始已來與虛空同壽未曾生未曾滅未曾有未曾無未曾穢未曾淨未曾喧未曾寂未曾少未曾老無方所無內外無數量無形相無色象無音聲不可覓不可求不可以智慧識不可以言語取不可以境物會不可以功用到諸佛菩薩與一切蠢動含靈同此大涅槃性性卽是心心卽是佛佛卽是法一念離眞皆爲妄想不可以心更求於心不可以佛更求於佛不可以法更求於法故學道人直下無心默契而已擬心卽差以心傳心此爲正見愼勿向外逐境認境爲心是認賊爲子爲有貪瞋癡卽立戒定慧

本無煩惱焉有菩提故祖師云佛說一切法爲除一
切心我無一切心何用一切法本源淸淨佛上更不
著一物譬如虛空雖以無量珍寶莊嚴終不能住佛
性同虛空雖以無量功德智慧莊嚴終不能住但迷
本性轉不見耳所謂心地法門萬法皆依此心建立
遇境卽有無境卽無不可於淨性上轉作境解所言
定慧鑑用歷歷寂寂惺惺見聞覺知皆是境上作解
暫爲中下根人說卽得若欲親證皆不可作如此見
解盡是境法有沒處沒於有地但於一切法不作有
無見卽見法也

九月一日師謂休曰。自達摩大師到中國。唯說一心。唯傳一法。以佛傳佛。不說餘佛。以法傳法。不說餘法。法卽不可說之法。佛卽不可取之佛。乃是本源淸淨心也。唯此一事實。餘二則非眞。般若爲慧。此慧卽無相本心也。凡夫不趣道。唯恣六情。乃行六道。學道人一念計生死。卽落魔道。一念起諸見。卽落外道。見有生趣其滅。卽落聲聞道。不見有生。唯見有滅。卽落緣覺道。法本不生。今亦無滅。不起二見。不厭不忻。一切諸法唯是一心。然後乃爲佛乘也。凡夫皆逐境生心。心遂忻厭。若欲無境。當忘其心。心忘卽境空。境空卽

心滅。若不忘心而但除境。境不可除。祇益紛擾。故萬
法唯心。心亦不可得。復何求哉。學般若人。不見有一
法可得。絕意三乘。唯一眞實。不可證得。謂我能證能
得。皆增上慢人。法華會上拂衣而去者。皆斯徒也。故
佛言我於菩提實無所得。默契而已。凡人臨欲終時。
但觀五蘊皆空。四大無我。眞心無相。不去不來。生時
性亦不來。死時性亦不去。湛然圓寂。心境一如。但能
如是直下頓了。不爲三世所拘繫。便是出世人也。切
不得有分毫趣向。若見善相諸佛來迎及種種現前。
亦無心隨去。若見惡相種種現前。亦無心怖畏。但自

忘心同於法界便得自在此卽是要節也
十月八日師謂休曰言化城者二乘及十地等覺妙覺皆是權立接引之教並爲化城言寶所者乃眞心本佛自性之寶此寶不屬情量不可建立無佛無衆生無能無所何處有城若問此既是化城何處爲寶所寶所不可指指卽有方所非眞寶所也故云在近而已不可定量言之但當體會契之卽是言闡提者信不具也一切六道衆生乃至二乘不信有佛果皆謂之斷善根闡提菩薩者深信有佛法不見有大乘小乘佛與衆生同一法性乃謂之善根闡提大抵因

聲敎而悟者謂之聲聞。觀因緣而悟者謂之緣覺。若不向自心中悟。雖至成佛。亦謂之聲聞佛。學道人多於敎法上悟。不於心法上悟。雖歷劫修行。終不是本佛。若不於心悟。乃至於敎法上悟。即輕心重敎。遂成逐塊。忘於本心。故但契本心。不用求法。心即法也。凡人多爲境礙心。事礙理。常欲逃境以安心。屏事以存理。不知乃是心礙境。理礙事。但令心空。境自空。但令理寂。事自寂。勿倒用心也。凡人多不肯空心。恐落於空。不知自心本空。愚人除事不除心。智者除心不除事。菩薩心如虛空。一切俱捨。所作福德皆不貪著。然捨有三等。內外身心一切俱捨。猶如虛空無所取著。然後隨方應物。能所皆忘。是爲大捨。若一邊行道布德。一邊旋捨。無希望心。是爲中捨。若廣修衆善有所希望。聞法知空。遂乃不著。是爲小捨。大捨如火燭在前。更無迷悟。中捨如火燭在傍。或明或暗。小捨如火燭在後。不見坑穽。故菩薩心如虛空。一切俱捨。過去心不可得。是過去捨。現在心不可得。是現在捨。未來心不可得。是未來捨。所謂三世俱捨。自如來付法迦葉已來。以心印心。心心不異。印著空。卽印不成文。印著物。卽印不成法。故以心印心。心心不異。能印所印。

俱難契會。故得者少。然心卽無心。得卽無得。佛有三身。法身說自性虛通法。報身說一切清淨法。化身說六度萬行法。法身說法。不可以言語音聲形相文字而求。無所說。無所證。自性虛通而已。故曰無法可說是名說法。報身化身皆隨機感現。所說法亦隨事應根以爲攝化。皆非眞法。故曰報化非眞佛。亦非說法者。所言同是一精明。分爲六和合。一精明者一心也。六和合者六根也。此六根各與塵合。眼與色合。耳與聲合。鼻與香合。舌與味合。身與觸合。意與法合。中間生六識。爲十八界。若了十八界無所有。束六和合爲一精明。一精明者即心也。學道人皆知此。但不能免作一精明六和合解。遂被法縛。不契本心。如來現世。欲說一乘眞法。則衆生不信興謗。沒於苦海。若都不說。則墮慳貪。不爲衆生。溥捨妙道。遂設方便說有三乘。乘有大小。得有淺深。皆非本法。故云唯有一乘道。餘二則非眞。然終未能顯一心法。故召迦葉同法座。別付一心離言說法。此一枝法令別行。若能契悟者。便至佛地矣。

問。如何是道。如何修行。師云。道是何物。汝欲修行。問。諸方宗師相承。參禪學道如何。師云。引接鈍根人語。

未可依憑。云。此既是引接鈍根人語。未審接上根人
復說何法。師云。若是上根人。何處更就人。覓他自己
尚不可得。何況更別有法當情。不見教中云。法法何
狀。云。若如此則都不要求覓也。師云。若與麼則省心
力。云。如是則渾成斷絕。不可是無也。師云。阿誰教他
無。他是阿誰。你擬覓他。云。既不許覓。何故又言莫斷
他。師云。若不覓。即便休。誰教你斷。你見目前虛空。作
麼生斷他。云。此法可得便同虛空否。師云。虛空早晚
向你道有同有異。我暫如此說。你便向者裏生解。云。
應是不與人生解耶。師云。我不曾障你。要且解屬於

情情生則智隔。云。向者裏莫生情是否。師云。若不生
情阿誰道是。
問。纔向和尙處發言。爲甚麼便道話墮。師云。汝自是
不解語人。有甚麼墮負。
問。向來如許多言說。皆是抵敵語。都未曾有實法指
示於人。師云。實法無顚倒。汝今問處自生顚倒。覓甚
麼實法。云。既是問處自生顚倒。和尙答處如何。師云。
你且將物照面看。莫管他人。又云。祇如箇癡狗相似。
見物動處便吠。風吹草木也不別。又云。我此禪宗從
上相承已來。不曾敎人求知求解。只云學道。早是接

引之詞。然道亦不可學。情存學解。卻成迷道。道無方所。名大乘心。此心不在內外中間。實無方所。第一不得作知解。只是說汝如今情量盡處爲道。情量若盡。心無方所。此道天眞。本無名字。只爲世人不識。迷在情中。所以諸佛出來說破此事。恐汝諸人不了。權立道名。不可守名而生解。故云得魚忘筌。身心自然達道。識心達本源。故號爲沙門。沙門果者。息慮而成。不從學得。汝如今將心求心。傍他家舍。祇擬學取。有甚麼得時。古人心利。纔聞一言。便乃絕學。所以喚作絕學無爲閒道人。今時人只欲得多知多解。廣求文義喚作修行。不知多知多解。翻成壅塞。唯知多與兒酥乳喫。消與不消。都總不知。三乘學道人皆是此樣。盡名食不消者。所謂知解不消。皆爲毒藥。盡向生滅中取。眞如之中都無此事。故云我王庫內無如是刀。從前所有一切解處盡須併卻令空。更無分別。卽是空如來藏。如來藏者。更無纖塵可有。卽是破有法王出現世間。亦云我於然燈佛所無少法可得。此語只爲空你情量知解。但銷鎔表裏情盡。都無依執。是無事人。三乘教網。祇是應機之藥。隨宜所說。臨時施設。各各不同。但能了知。卽不被惑。第一不得於一機一教邊守文作解。何以如此。實無有定法如來可說。我此宗門不論此事。但知息心卽休。更不用思前慮後。問。從上來皆云卽心是佛。未審卽那箇心是佛。師云。你有幾箇心。云。爲復卽凡心是佛。卽聖心是佛。師云。你何處有凡聖心耶。云。卽今三乘中說有凡聖。和尚何得言無。師云。三乘中分明向你道凡聖心是妄。你今不解。反執爲有。將空作實。豈不是妄。妄故迷心。汝但除却凡情聖境。心外更無別佛。祖師西來直指一切人全體是佛。汝今不識。執凡執聖。向外馳騁。還自迷心。所以向汝道卽心是佛。一念情生卽墮異趣。無始已來不異今日。無有異法。故名成等正覺云。和尚所言卽者。是何道理。師云。覓什麼道理。纔有道理。便卽心異。云。前言無始已來不異今日。此理如何。師云。祇爲覓故。汝自異他。汝若不覓。何處有異。云。旣是不異。何更用說卽。師云。汝若不認凡聖。阿誰向汝道卽。卽若不卽。心亦不心。可中心卽俱忘。阿你更擬向何處覓去。

問。妄能障自心。未審而今以何遣妄。師云。起妄遣妄亦成妄。妄本無根。祇因分別而有。你但於凡聖兩處情盡。自然無妄。更擬若爲遣他。都不得有纖毫依執。

名爲我捨兩臂必當得佛。云。既無依執。當何相承。師云。以心傳心。云。若心相傳。云何言心亦無。師云。不得一法名爲傳心。若了此心。卽是無心無法。云。若無心無法。云何名傳。師云。汝聞道傳心。將謂有可得也。所以祖師云。認得心性時。可說不思議。了了無所得。得時不說知。此事若教汝會。何堪也。

問。祇如目前虛空。可不是境。豈無指境見心乎。師云。什麼心教汝向境上見。設汝見得。只是箇照境底心。如人以鏡照面。縱然得見眉目分明。元來祇是影像。何關汝事。云。若不因照。何時得見。師云。若也涉因。常須假物。有什麼了時。汝不見他向汝道。撒手似君無一物。徒勞謾說數千般。云。他若識了。照亦無物耶。師云。若是無物。更何用照。你莫開眼寱語去。

上堂云。百種多知。不如無求最第一也。道人是無事人。實無許多般心。亦無道理可說。無事散去。

問。如何是世諦。師云。說葛藤作什麼。本來清淨。何假言說問答。但無一切心。卽名無漏智。汝每日行住坐臥一切言語。但莫著有爲法。出言瞬目。盡同無漏。如今末法向去。多是學禪道者。皆著一切聲色。何不與我心心同虛空去。如枯木石頭去。如寒灰死火去。方有少分相應。若不如是。他日盡被閻老子栲你在。你但離卻有無諸法。心如日輪常在虛空。光明自然不照而照。不是省力底事。到此之時無棲泊處。卽是行諸佛行。便是應無所住而生其心。此是你淸淨法身。名爲阿耨菩提。若不會此意。縱你學得多知。勤苦修行。草衣木食。不識自心。盡名邪行。定作天魔眷屬。如此修行。當復何益。誌公云。佛本是自心作。那得向文字中求。饒你學得三賢四果十地滿心。也祇是在凡聖內坐。不見道諸行無常。是生滅法。勢力盡。箭還墜。招得來生不如意。爭似無爲實相門。一超直入如來地。爲你不是與麽人。須要向古人建化門廣學知解。誌公云。不逢出世明師。枉服大乘法藥。你如今一切時中行住坐臥。但學無心。久久須實得。爲你力量小。不能頓超。但得三年五年。或十年須得箇入頭處自然會去。爲汝不能如是。須要將心學禪學道。佛法有甚麽交涉。故云。如來所說。皆爲化人。如將黃葉爲金止小兒啼。決定不實。若有實得。非我宗門下客。且與你本體有甚交涉。故經云。實無少法可得。名爲阿耨菩提。若也會得此意。方知佛道魔道俱錯。本來清淨皎皎地。無方圓。無大小。無長短等相。無漏無爲。無迷無悟。了了見無一物。亦無人。亦無佛。大千沙界海中漚。一切聖賢如電拂。一切不如心眞實。法身從古至今。與佛祖一般。何處欠少一毫毛。旣會如是意。大須努力。盡今生去。出息不保入息。

問。六祖不會經書。何得傳衣爲祖。秀上座是五百人首座。爲敎授師。講得三十二本經論。云何不傳衣。師云。爲他有心。是有爲法。所修所證將爲是也。所以五祖付六祖。六祖當時祇是默契得。密授如來甚深意。所以付法與他。汝不見道法本法無法。無法法亦法。今付無法時。法法何曾法。若會此意。方名出家兒。方好修行。若不信。云何明上座走來大庾嶺頭尋六祖。六祖便問。汝來求何事。為求衣。為求法。明上座云。不為衣來。但為法來。六祖云。汝且暫時斂念。善惡都莫思量。明乃稟語。六祖云。不思善。不思惡。正當與麼時。還我明上座父母未生時面目來。明於言下忽然默契。便禮拜云。如人飲水。冷煖自知。某甲在五祖會中。枉用三十年功夫。今日方省前非。六祖云。如是。到此之時。方知祖師西來。直指人心。見性成佛。不在言說。豈不見阿難問迦葉云。世尊傳金襴外。別傳何物。迦葉召阿難。阿難應諾。迦葉云。倒卻門前刹竿著。此便是祖師之標榜也。甚深阿難三十年爲侍者。祇爲多聞智慧。被佛訶云。汝千日學慧。不如一日學道。若不學道。滴水難消。

黃蘗斷際禪師宛陵錄

裴相公問師曰。山中四五百人。幾人得和尚法。師云。得者莫測其數。何故。道在心悟。豈在言說。言說祇是化童蒙耳。

問。如何是佛。師云。即心是佛。無心是道。但無生心動念。有無長短彼我能所等心。心本是佛。佛本是心。心如虛空。所以云。佛眞法身猶若虛空。不用別求。有求皆苦。設使恆沙劫行六度萬行得佛菩提。亦非究竟。何以故。爲屬因緣造作故。因緣若盡還歸無常。所以云。報化非眞佛。亦非說法者。但識自心。無我無人本來是佛。

問。聖人無心卽是佛。凡夫無心莫沈空寂否。師云。法無凡聖。亦無沈寂。法本不有莫作無見。法本不無莫作有見。有之與無盡是情見猶如幻翳。所以云見聞如幻翳。知覺乃衆生。祖師門中只論息機忘見所以忘機則佛道隆。分別則魔軍熾。

問。心旣本來是佛。還修六度萬行否。師云。悟在於心。非關六度萬行。六度萬行盡是化門接物度生邊事。設使菩提眞如實際解脫法身直至十地四果聖位。盡是度門非關佛心。心卽是佛。所以一切諸度門中。

佛心第一但無生死煩惱等心即不用菩提等法所以道佛說一切法度我一切心我無一切心何用一切法從佛至祖並不論別事唯論一心亦云一乘所以十方諦求更無餘乘此衆無枝葉唯有諸貞實所以此意難信達摩來此土至梁魏二國祇有可大師一人密信自心言下便會即心是佛身心俱無是名大道大道本來平等所以深信含生同一眞性心性不異即性即心心不異性名之爲祖所以云認得心性時可說不思議。

問佛度衆生否師云實無衆生如來度者我尚不可

得。非我何可得。佛與眾生皆不可得。云。現有三十二相及度眾生、何得言無。師云。凡所有相皆是虛妄。若見諸相非相即見如來。佛與眾生盡是汝作妄見。只為不識本心。謾作見解。纔作佛見便被佛障。作眾生見被眾生障。作凡作聖作淨作穢等見盡成其障。障汝心故總成輪轉。猶如獼猴放一捉一無有歇期。一等是學。直須無學無凡無聖無淨無垢無大無小無漏無為如是一心中方便勤莊嚴。聽汝學得三乘十二分教一切見解總須捨卻。所以除去所有唯置一牀寢疾而臥。祇是不起諸見無一法可得不被法障。

透脫三界凡聖境域。始得名為出世佛。所以云稽首如空無所依。出過外道。心既不異。法亦不異。心既無為。法亦無為。萬法盡由心變。所以我心空故諸法空。千品萬類悉皆同。盡十方空界同一心體。心本不異。法亦不異。祇為汝見解不同。所以差別。譬如諸天共寶器食。隨其福德。飯色有異。十方諸佛。實無少法可得。名為阿耨菩提。祇是一心。實無異相。亦無光彩。亦無勝負。無勝故無佛相。無負故無衆生相。云。心既無相。豈得全無三十二相八十種好化度衆生耶。師云。三十二相屬相。凡所有相皆是虛妄。八十種好屬色。

若以色見我。是人行邪道。不能見如來。

問。佛性與衆生性。爲同爲別。師云。性無同異。若約三乘教。卽說有佛性有衆生性。遂有三乘因果。卽有同異。若約佛乘。及祖師相傳。卽不說如是事。惟指一心。非同非異。非因非果。所以云。唯此一乘道。無二亦無三。除佛方便說。

問。無邊身菩薩。爲什麼不見如來頂相。師云。實無可見。何以故。無邊身菩薩。便是如來。不應更見。祇教你不作佛見。不落佛邊。不作衆生見。不落衆生邊。不作有見。不落有邊。不作無見。不落無邊。不作凡見。不落凡邊。不作聖見。不落聖邊。但無諸見。卽是無邊身。若有見處。卽名外道。外道者。樂於諸見。菩薩於諸見而不動。如來者。卽諸法如義。所以云。彌勒亦如也。衆聖賢亦如也。如卽無生。如卽無滅。如卽無見。如卽無聞。如來頂卽是圓見。亦無圓見。故不落圓邊。所以。佛身無爲。不墮諸數。權以虛空爲喻。圓同太虛。無欠無餘。等閑無事。莫強辯他境。辯著便成識。所以云。圓成沈識海。流轉若飄蓬。祇道我知也。學得也。契悟也。解脫也。有道理也。强處卽如意。弱處卽不如意。似者箇見解有什麼用處。我向汝道。等閑無事。莫謾用心。不用求眞唯須息見所以內見外見俱錯佛道魔道俱惡所以文殊暫起二見貶向二鐵圍山文殊卽實智普賢卽權智權實相對治究竟亦無權實唯是一心心且不佛不衆生無有異見纔有佛見便作衆生見有見無見常見斷見便成二鐵圍山被見障故祖師直指一切衆生本心本體本來是佛不假修成不屬漸次不是明暗不是明故無明不是暗故無暗所以無無明亦無無明盡入我此宗門切須在意如此見得名之爲法見法故名之爲佛佛法俱無名之爲僧喚作無爲僧亦名一體三寶夫求法者不著佛求不著

法求不著眾求應無所求。不著佛求。故無佛。不著法求。故無法。不著眾求。故無僧。

問。和尚見今說法。何得言無僧亦無法。師云。汝若見有法可說。即是以音聲求我。若見有我。即是處所。法亦無法。法即是心。所以祖師云。付此心法時。法法何曾法。無法無本心。始解心心法。實無一法可得。名坐道場。道場者。祇是不起諸見。悟法本空。喚作空如來藏。本來無一物。何處有塵埃。若得此中意。逍遙何所論。

問。本來無一物。無物便是否。師云。無亦不是。菩提無是處。亦無無知解。

問。何者是佛。師云。汝心是佛。佛卽是心。心佛不異。故云。卽心卽佛。若離於心別更無佛。云。若自心是佛。祖師西來如何傳授。師云。祖師西來。唯傳心佛。直指汝等心本來是佛。心心不異。故名爲祖。若直下見此意。卽頓超三乘一切諸位。本來是佛。不假修成。云。若如此十方諸佛出世說於何法。師云。十方諸佛出世。祇共說一心法。所以佛密付與摩訶大迦葉。此一心法體。盡虛空徧法界。名爲諸佛理。論這箇法。豈是汝於言句上解得他。亦不是於一機一境上見得他。此意唯是默契得。這一門名爲無爲法門。若欲會得。但知無心忽悟卽得。若用心擬學取卽轉遠去。若無岐路心。一切取捨心。心如木石。始有學道分。云。如今現有種種妄念。何以言無。師云。妄本無體。卽是汝心所起。汝若識心是佛。心本無妄。那得起心更認於妄。汝若不生心動念。自然無妄。所以云。心生則種種法生。心滅則種種法滅。云。今正妄念起時。佛在何處。師云。汝今覺妄起時。覺正是佛。可中若無妄念。佛亦無。何故如此。爲汝起心作佛見。便謂有佛可成。作衆生見。便謂有衆生可度。起心動念。總是汝見處。若無一切見。

佛有何處所。如文殊纔起佛見。便貶向二鐵圍山。云今正悟時。佛在何處。師云。問從何來。覺從何起。語默動靜。一切聲色。盡是佛事。何處覓佛。不可更頭上安頭。嘴上加嘴。但莫生異見。山是山。水是水。僧是僧。俗是俗。山河大地。日月星辰。總不出汝心。三千世界。都來是汝箇自己。何處有許多般。心外無法。滿目青山。虛空世界。皎皎地無絲髮許與汝作見解。所以一切聲色。是佛之慧目。法不孤起。仗境方生。為物之故。有其多智。終日說何曾說。終日聞何曾聞。所以釋迦四十九年說。未曾說著一字。云。若如此。何處是菩提。師云。菩提無是處。佛亦不得菩提。衆生亦不失菩提。不可以身得。不可以心求。一切衆生卽菩提相。云。如何發菩提心。師云。菩提無所得。你今但發無所得心。決定不得一法。卽菩提心。菩提無住處。是故無有得者。故云我於然燈佛所無有少法可得佛卽與我授記。明知一切衆生本是菩提。不應更得菩提。你今聞發菩提心。將謂一箇心學取佛去。唯擬作佛。任你三祇劫修。亦祇得箇報化佛。與你本源眞性佛有何交涉。故云。外求有相佛。與汝不相似。

問。本旣是佛。那得更有四生六道種種形貌不同。師云。諸佛體圓。更無增減。流入六道。處處皆圓。萬類之中。箇箇是佛。譬如一團水銀。分散諸處。顆顆皆圓。若不分時。祇是一塊。此一卽一切。一切卽一。種種形貌。喻如屋舍。捨驢屋入人屋。捨人身至天身。乃至聲聞緣覺菩薩佛屋。皆是汝取捨處。所以有別。本源之性。何得有別。

問。諸佛如何行大慈悲。爲衆生說法。師云。佛慈悲者無緣故。名大慈悲。慈者不見有佛可成。悲者不見有衆生可度。其所說法。無說無示。其聽法者。無聞無得。譬如幻士。爲幻人說法。者箇法。若爲道我從善知識言下領得會也悟也。者箇慈悲。若爲汝起心動念學得他見解。不是自悟本心。究竟無益。

問。何者是精進。師云。身心不起。是名第一牢彊精進。纔起心向外求者。名爲歌利王愛遊獵去。心不外遊即是忍辱仙人。身心俱無。即是佛道。

問。若無心行此道得否。師云。無心便是行此道。更說什麼得與不得。且如瞥起一念便是境。若無一念便是境忘心自滅。無復可追尋。

問。如何是出三界。師云。善惡都莫思量。當處便出三界。如來出世爲破三有。若無一切心。三界亦非有。如一微塵破爲百分。九十九分是無。一分是有。摩訶衍不能勝出。百分俱無。摩訶衍始能勝出。

上堂云。即心是佛。上至諸佛。下至蠢動含靈。皆有佛性。同一心體。所以達摩從西天來。唯傳一心法。直指一切衆生本來是佛。不假修行。但如今識取自心。見自本性。更莫別求。云何識自心。即如今言語者。正是汝心。若不言語。又不作用。心體如虛空。相似無有相貌。亦無方所。亦不一向是無。有而不可見。故祖師云。眞性心地藏。無頭亦無尾。應緣而化物。方便呼爲智。若不應緣之時。不可言其有無。正應之時。亦無蹤跡。

旣知如此。如今但向無中棲泊。卽是行諸佛路。經云應無所住而生其心。一切衆生輪迴生死者。意緣走作。心於六道不停。致使受種種苦。淨名云。難化之人。心如猨猴。故以若干種法。制禦其心。然後調伏。所以心生種種法生。心滅種種法滅。故知一切諸法皆由心造。乃至人天地獄六道脩羅。盡由心造。如今但學無心。頓息諸緣。莫生妄想分別。無人無我無貪瞋。無憎愛無勝負。但除卻如許多種妄想。性自本來清淨。卽是修行菩提法佛等。若不會此意。縱你廣學勤苦修行。木食草衣。不識自心。皆名邪行。盡作天魔外道水陸諸神。如此修行。當復何益。誌公云。本體是自心作。那得文字中求。如今但識自心。息卻思惟。妄想塵勞自然不生。淨名云。唯置一牀。寢疾而臥。心不起也。如人臥疾。攀緣都息。妄想歇滅。卽是菩提。如今若心裏紛紛不定。任你學到三乘四果十地諸位。合殺祇向凡聖中坐。諸行盡歸無常。勢力皆有盡期。猶如箭射於空。力盡還墜。卻歸生死輪迴。如斯修行。不解佛意。虛受辛苦。豈非大錯。誌公云。未逢出世明師。枉服大乘法藥。如今但一切時中行住坐臥。但學無心。亦無分別。亦無依倚。亦無住著。終日任運騰騰。如癡人相似。世人盡不識你。你亦不用敎人識不識。心如頑石頭都無縫罅。一切法透汝心不入。兀然無著。如此始有少分相應。透得三界境過。名爲佛出世。不漏心相。名爲無漏智。不作人天業。不作地獄業。不起一切心。諸緣盡不生。卽此身心是自由人。不是一向不生。祇是隨意而生。經云。菩薩有意生身是也。忽若未會無心。著相而作者。皆屬魔業。乃至作淨土佛事。並皆成業。乃名佛障。障汝心故。被因果管束。去住無自由分。所以菩提等法。本不是有。如來所說。皆是化人。猶如黃葉爲金。權止小兒啼。故實無有法。名阿耨菩提如今既會此意何用區區但隨緣消舊業更莫造新殃心裏明明所以舊時見解總須捨卻淨名云除去所有法華云二十年中常令除糞祇是除去心中作見解處又云蠲除戲論之糞所以如來藏本自空寂並不停留一法故經云諸佛國土亦復皆空若言佛道是修學而得如此見解全無交涉或作一機一境揚眉動目祇對相當便道契會也得證悟禪理也忽逢一人不解便道都無所知對他若得道理心中便歡喜若被他折伏不如他便卽心懷惆悵如此心意學禪有何交涉任汝會得少許道理祇得箇心所法

禪道總沒交涉。所以達摩面壁都不令人有見處。故云。忘機是佛道。分別是魔境。此性縱汝迷時亦不失。悟時亦不得。天眞自性。本無迷悟。盡十方虛空界。元來是我一心體。縱汝動用造作。豈離虛空。虛空本來無大無小。無漏無爲。無迷無悟。了了見無一物。亦無人亦無佛。絕纖毫的量。是無依倚無粘綴。一道淸流。是自性無生法忍。何有擬議。眞佛無口。不解說法。眞聽無耳。其誰聞乎。珍重。

師本是閩中人。幼於本州黃蘗山出家。額間隆起如珠。音辭朗潤。志意沖澹。後遊天台。逢一僧如舊識。乃同行。屬澗水暴漲師倚杖而止。其僧牽師同過。師云。請兄先過。其僧卽浮笠於水上便過。師云。我卻共箇稍子作隊。悔不一棒打殺。

有僧辭歸宗。宗云。往甚處去。云。諸方學五味禪去。宗云。諸方有五味禪。我這裏祇是一味禪。云。如何是一味禪、宗便打、僧云。會也會也、宗云。道道。僧擬開口。宗又打。其僧後到師處。師問甚麼處來。云。歸宗來。師云。歸宗有何言句。僧遂舉前話。師乃上堂舉此因緣云。馬大師出八十四人善知識、問著箇箇屙漉漉地。祇有歸宗較些子、師在鹽官會裏。大中帝爲沙彌。師於佛殿上禮佛。沙彌云。不著佛求。不著法求。不著衆求。長老禮拜。當何所求。師云。不著佛求。不著法求。不著衆求。常禮如是事。沙彌云。用禮何爲。師便掌。沙彌云。太麤生。師云。這裏是什麼所在。說麤說細。隨後又掌。沙彌便走。

師行腳時到南泉。一日齋時。捧鉢向南泉位上坐。南泉下來見。便問長老什麼年中行道。師云。威音王已前。南泉云。猶是王老師孫在。師便下去。師一日出次。南泉云。如許大身材。戴箇些子大笠。師云。三千大千世界總在裏許。南泉云。王老師聻。師戴笠便行。

師一日在茶堂內坐。南泉下來問定慧等學明見佛性。此理如何。師云。十二時中不依倚一物。泉云。莫便是長老見處麼。師云。不敢。泉云。漿水錢且置。草鞋錢教什麼人還。師便休。後溈山舉此因緣問仰山。莫是黃蘗搆他南泉不得麼。仰山云。不然。須知黃蘗有陷虎之機。溈山云。子見處得與麼長。

一日普請。泉問什麼處去。師云。擇菜去。泉云。將什麼擇。師豎起刀子。泉云。只解作賓。不解作主。師扣三下。

一日五人新到同時相看。一人不禮拜。以手畫一圓相而立。師云。還知道好隻獵犬麼。云。尋羚羊氣來。師云。羚羊無氣汝向什麼處尋。云。尋羚羊蹤來。師云。羚羊無蹤汝向什麼處尋。云。尋羚羊跡來。師云。羚羊無跡汝向什麼處尋。云。與麼則死羚羊也。師便休。來日陞座退。問昨日尋羚羊僧出來。其僧便出。師云。老僧昨日後頭未有語在。作麼生。其僧無語。師云。將謂是本色衲僧。元來祇是義學沙門。

師曾散衆在洪州開元寺。裴相公一日入寺行次見壁畫。乃問寺主。這畫是什麼。寺主云。畫高僧。相公云。形影在這裏。高僧在什麼處。寺主無對。相公云。此間莫有禪僧麼。寺主云。有一人。相公遂請師相見。乃舉前話問師。師召云。裴休。休應諾。師云。在什麼處。相公於言下有省。乃再請師開堂。
上堂云。汝等諸人盡是噇酒糟漢。與麼行脚。笑殺他人。總似與麼容易。何處更有今日。汝還知大唐國裏無禪師麼。時有僧問。祇如諸方見今出世。匡徒領眾。爲什麼卻道無禪師。師云。不道無禪。祇道無師。後潙山舉此因緣問仰山云。意作麼生。仰山云。鵝王擇乳素非鴨類。潙山云。此實難辨。
裴相一日托一尊佛於師前。胡跪云。請師安名。師召云。裴休。休應諾。師云。與汝安名竟。相公便禮拜。相公一日上詩一章。師接得便坐。卻乃問會麼。相公云。不會。師云。與麼不會。猶較些子。若形紙墨。何有吾宗。詩曰。自從大士傳心印。額有圓珠七尺身。掛錫十年棲蜀水。浮杯今日渡漳濱。千徒龍象隨高步。萬里香花結勝因。願欲事師爲弟子。不知將法付何人。師答曰。心如大海無邊際。口吐紅蓮養病身。雖有一雙無事手。不曾祇揖等閑人。

夫學道者。先須屛卻雜學諸緣。決定不求。決定不著。聞甚深法。恰似清風屆耳。瞥然而過。更不追尋。是爲甚深。入如來禪。離生禪想。從上祖師唯傳一心。更無二法。指心是佛。頓超等妙二覺之表。決定不流至第二念。始似入我宗門。如斯之法。汝取次人到這裏擬作麼生學。所以道擬心時。被擬心魔縛。非擬心時又被非擬心魔縛。非非擬心時。又被非非擬心魔縛。魔非外來。出自你心。唯有無神通菩薩足跡不可尋。若以一切時中心有常見。卽是常見外道。若觀一切法空作空見者。卽是斷見外道。所以三界唯心萬法唯識。此猶是對外道邪見人說。若說法身以爲極果。此對三賢十聖人言。故佛斷二愚。一者微細所知愚。二者極微細所知愚。佛旣如是。更說什麼等妙二覺來。

所以一切人但欲向明。不欲向闇。但欲求悟。不受煩惱無明。便道佛是覺。衆生是妄。若作如是見解。百劫千生輪迴六道。更無斷絕。何以故。爲謗諸佛本源自性故。他分明向你道佛且不明。衆生且不闇。法無明闇故。佛且不彊。衆生且不弱。法無彊弱故。佛且不智衆生且不愚。法無愚智故。是你出頭總道解禪。開著口便病發。不說本。祇說末。不說迷。祇說悟。不說體。祇說用。總無你話論處。他一切法且本不有。今亦不無。緣起不有。緣滅不無。本亦不有。本非本故。心亦不心。心非心故。相亦非相。相非相故。所以道無法無本心。

始解心心法。法卽非法。非法卽法。無法無非法。故是心心法。忽然瞥起一念。了知如幻如化。卽流入過去佛。過去佛且不有。未來佛且不無。又且不喚作未來佛。現在念念不住。不喚作現在佛。佛若起時。卽不擬他是覺是迷。是善是惡。輒不得執滯他。斷絕他。如一念瞥起。千重關鎖鎖不得。萬丈繩索索他不住。既若如是。爭合便擬滅他止他。分明向你道爾燄識。你作麽生擬斷他。喻如陽燄。你道近。十方世界求不可得。始道遠。看時祇在目前。你擬趁他。他又轉遠去。你始避他。他又來逐你。取又不得。捨又不得。既若如此。故

知一切法性自爾。卽不用愁他慮他。如言前念是凡
後念是聖。如手翻覆一般。此是三乘教之極也。據我
禪宗中。前念且不是凡。後念且不是聖。前念不是佛。
後念不是衆生。所以一切色是佛色。一切聲是佛聲。
舉著一理。一切理皆然。見一事。見一切事。見一心。見
一切心。見一道。見一切道。一切處無不是道。見一塵
十方世界山河大地皆然。見一滴水。卽見十方世界
一切性水。又見一切法。卽見一切心。一切法本空。心
卽不無。不無卽妙有。有亦不有。不有卽有。卽眞空妙
有。旣若如是。十方世界不出我之一心。一切微塵國

士不出我之一念。若然。說什麼內之與外。如蜜性甜一切蜜皆然。不可道這箇蜜甜。餘底苦也。何處有與麼事。所以道虛空無內外。法性自爾。虛空無中間。法性自爾。故衆生卽佛。佛卽衆生。衆生與佛。元同一體。生死涅槃。有爲無爲。元同一體。世間出世間。乃至六道四生。山河大地。有性無性。亦同一體。言同者。名相亦空。有亦空。無亦空。盡恆沙世界。元是一空。旣若如此。何處有佛度衆生。何處有衆生受佛度。何故如此萬法之性自爾。故若作自然見。卽落自然外道。若作無我無我所見。墮在三賢十聖位中。你如今云。何將一尺一寸便擬量度虛空。他分明向汝道法法不相到。法自寂故。當處自住。當處自眞。以身空故名法空。以心空故名性空。身心總空。故名法性空。乃至千途異說。皆不離你之本心。如今說菩提涅槃眞如佛性二乘菩薩者。皆指葉爲黃金。拳掌之說。若也展手之時。一切大衆若天若人。皆見掌中都無一物。所以道本來無一物。何處有塵埃。本既無物。三際本無所有。故學道人單刀直入。須見這箇意始得。故達摩大師從西天來至此土。經多少國土。祇覓得可大師一人。密傳心印。印你本心。以心印法。以法印心。心既如此。

法亦如此同眞際等法性。法性空中。誰是授記人。誰是成佛人。誰是得法人。他分明向你道菩提者不可以身得。身無相故。不可以心得。心無相故。不可以性得。性卽便是本源自性天眞佛故。不可以佛更得佛。不可以無相更得無相。不可以空更得空。不可以道更得道。本無所得。無得亦不可得。所以道無一法可得。祇敎你了取本心。當下了時。不得了相。無了無不了相亦不可得。如此之法得者卽得。得者不自覺知。不得者亦不自覺知。如此之法。從上已來。有幾人得知。所以道天下忘己者有幾人。如今於一機一境一經一致一世一時一名一字六根門前領得與機關木人何別忽有一人出來不於一名一相上作解者我說此人盡十方世界覓這箇人不可得以無第二人故繼於祖位亦云釋種無雜純一故言王若成佛時王子亦隨出家此意大難知祇教你莫覓覓便失卻如癡人山上叫一聲響從谷出便走下山趁及尋覓不得又叫一聲山上響又應亦走上山上趁如是千生萬劫祇是尋聲逐響人虛生浪死漢汝若無聲卽無響涅槃者無聞無知無聲絕迹絕蹤若得如是稍與祖師鄰房也

問如王庫藏內。都無如是刀。伏願誨示。師云。王庫藏者。卽虛空性也。能攝十方虛空世界。皆總不出你心。亦謂之虛空藏菩薩。你若道是有是無非有非無總成羊角。羊角者卽你求覓者也。

問王庫藏中有眞刀否。師云。此亦是羊角。云若王庫藏中本無眞刀。何故云王子持王庫中眞刀出至異國。何獨言無。師云。持刀出者此喻如來使者。你若言王子持王庫中眞刀出去者。庫中應空去也。本源虛空性。不可被異人將去是什麼語。設你有者皆名羊角。

問。迦葉受佛心印得爲傳語人否。師云。是。云。若是傳語人。應不離得羊角。師云。迦葉自領得本心。所以不是羊角。若以領得如來心見如來意見如來色相者卽屬如來使爲傳語人。所以阿難爲侍者二十年但見如來色相。所以被佛訶云。唯觀救世者。不能離得羊角。

問。文殊執劍於瞿曇前者如何。師云。五百菩薩得宿命智。見過去生業障。五百者卽你五陰身是。以見此夙命障故。求佛求菩薩涅槃。所以文殊將智解劍害此有見佛心故。故言你善害。云。何者是劍。師云。解心

是劍。云。解心旣是劍。斷此有見佛心。祇如能斷見心
何能除得。師云。還將你無分別智斷此有見分別心。
云。如作有見有求佛心。將無分別智劍斷。爭奈有智
劍在何。師云。若無分別智。害有見無見。無分別智亦
不可得。云。不可以智更斷智。不可以劍更斷劍。師云。
劍自害劍。劍劍相害。卽劍亦不可得。智自害智。智智
相害。卽智亦不可得。母子俱喪。亦復如是。
問。如何是見性。師云。性卽是見。見卽是性。不可以性
更見性。聞卽是性。不可以性更聞性。祇你作性見能
聞能見性。便有一異法生。他分明道所可見者不可

更見你云何頭上更著頭他分明道如盤中散珠大
者大圓小者小圓各各不相知各各不相礙起時不
言我起滅時不言我滅所以四生六道未有不如時
且衆生不見佛佛不見衆生四果不見四向四向不
見四果三賢十聖不見等妙二覺等妙二覺不見三
賢十聖乃至水不見火火不見水地不見風風不見
地衆生不入法界佛不出法界所以法性無去來無
能所見既如此因什麼道我見我聞於善知識處得
契悟善知識與我說法諸佛出世與衆生說法迦旃
延祇爲以生滅心傳實相法被淨名呵責分明道一

切法本來無縛何用解他本來不染何用淨他故云實相如是豈可說乎汝今祇成是非心染淨心學得一知一解遶天下行見人便擬定當取誰有心眼誰彊誰弱若也如此天地懸殊更說什麼見性

問既言性卽見見卽性祇如性自無障礙無劑限云何隔物卽不見又於虛空中近卽見遠卽不見者如何師云此是你妄生異見若言隔物不見無物言見便謂性有隔礙者全無交涉性且非見非不見法亦非見非不見若見性人何處不是我之本性所以六道四生山河大地總是我之性淨明體故云見色便

見心。色心不異故。祇爲取相作見聞覺知。去卻前物始擬得見者。卽墮二乘人中依通見解也。虛空中近則見遠則不見。此是外道中收。分明道非內亦非外。非近亦非遠。近而不可見者。萬物之性也。近尙不可見。更道遠而不可見。有什麼意旨。

問。學人不會。和尙如何指示。師云。我無一物。從來不曾將一物與人。你無始已來。祇爲被人指示。覓契覓會。此可不是弟子與師俱陷王難。你但知一念不受卽是無受身。一念不想卽是無想身。決定不遷流造作卽是無行身。莫思量卜度分別。卽是無識身。你如今纔別起一念。卽入十二因緣。無明緣行亦因亦果。乃至老死亦因亦果。故善財童子一百一十處求善知識。祇向十二因緣中求。最後見彌勒。彌勒卻指見文殊。文殊者卽汝本地無明。若心心別異向外求善知識者。一念纔生卽滅纔滅又生。所以汝等比丘。亦生亦老亦病亦死。酬因答果已來。卽五聚之生滅。五聚者五陰也。一念不起卽十八界空。卽身便是菩提華果。卽心便是靈智。亦云靈臺。若有所住著。卽身爲死屍。亦云守死屍鬼。

問。淨名默然。文殊讚歎云。是眞入不二法門。如何。師云。不二法門。即你本心也。說與不說。即有起滅。無言說時。無所顯示。故文殊讚歎。云。淨名不說。聲有斷滅否。師云。語即默。默即語。語默不二。故云聲之實性亦無斷滅。文殊本聞亦無斷滅。所以如來常說。未曾有不說時。如來說即是法。法即是說。法說不二。故乃至報化二身。菩薩聲聞。山河大地。水鳥樹林。一時說法所以語亦說。默亦說。終日說而未嘗說。既若如是。但以默為本。

問。聲聞人藏形於三界。不能藏於菩提者如何。師云。形者質也。聲聞人但能斷三界見修。已離煩惱。不能藏於菩提。故還被魔王於菩提中捉得。於林中宴坐。還成微細見菩提心也。菩薩人已於三界菩提決定不捨不取。不取故。七大中覓他不得。不捨故。外魔亦覓他不得。汝但擬著一法。印子早成也。印著有。即六道四生文出。印著空。即無相文現。如今但知決定不印一切物。此印爲虛空不一不二。空本不空。印本不有。十方虛空世界諸佛出世。如見電光一般。觀一切蠢動含靈如響一般。見十方微塵國土。恰似海中一滴水相似。聞一切甚深法。如幻如化。心心不異。法法不異。乃至千經萬論。祇爲你之一心。若能不取一切相。故言如是一心中。方便勤莊嚴。

問。如我昔爲歌利王割截身體如何。師云。仙人者卽是你心。歌利王好求也。不守王位。謂之貪利。如今學人。不積功累德。見者便擬學。與歌利王何別。如見色時壞卻仙人眼。聞聲時。壞卻仙人耳。乃至覺知時。亦復如是。喚作節節支解。云。祇如仙人忍時不合更有節節支解。不可一心忍。一心不忍也。師云。你作無生見忍辱解無求解。總是傷損。云。仙人被割時。還知痛否。又云。此中無受者。是誰受痛。師云。你既不痛。出頭來覓箇甚麼。

問。然燈佛授記。為在五百歲中。五百歲外。師云。五百歲中不得授記。所言授記者。你本決定不忘。不失有為。不取菩提。但以了世非世。亦不出五百歲外別得授記。亦不於五百歲中得授記。云。了世三際相不可得已否。師云。無一法可得。云。何故言頻經五百世前後極時長。師云。五百世長遠。當知猶是仙人。故然燈授記時。實無少法可得。

問。教中云。銷我億劫顛倒想。不歷僧祇獲法身者。如何。師云。若以三無數劫修行。有所證得者。盡恒沙劫不得。若於一剎那中獲得法身。直了見性者。猶是三乘敎之極談也。何以故。以見法身可獲故。皆屬不了義教中收。

問。見法頓了者。見祖師意否。師云。祖師心出虛空外。云。有限劑否。師云。有無限劑。此皆數量對待之法。祖師云。且非有限量。非無限量。非非有無限量。以絕待故。你如今學者。未能出得三乘教外。爭喚作禪師。分明向汝道。一等學禪。莫取次妄生異見。如人飲水。冷煖自知。一行一住。一刹那間。念念不異。若不如是。未免輪迴。

問。佛身無爲。不墮諸數。何故佛身舍利八斛四斗。師云。你作如是見。祇見假舍利。不見眞舍利。云。舍利爲是本有。爲復功勳。師云。非是本有。亦非功勳。云。若非本有。又非功勳。何故如來舍利。唯鍊唯精。金骨常存。師乃呵云。你作如此見解。爭喚作學禪人。你見虛空曾有骨否。諸佛心同太虛。覓什麼骨。云。如今見有舍利。此是何法。師云。此從你妄想心生。卽見舍利。云。和尚還有舍利否。請將出來看。師云。眞舍利難見。你但以十指撮盡妙高峯爲微塵。卽見眞舍利。

夫參禪學道。須得一切處不生心。祇論忘機卽佛道隆。分別卽魔軍盛。畢竟無毛頭許少法可得。

問。祖傳法付與何人。師云。無法與人。云。云何二祖請
師安心。師云。你若道有。二祖卽合覓得。心覓心不可
得故。所以道與你安心竟。若有所得。全歸生滅。
問。佛窮得無明否。師云。無明卽是一切諸佛得道之
處。所以緣起是道場。所見一塵一色。便合無邊理性。
舉足下足。不離道場。道場者。無所得也。我向你道。祇
無所得。名爲坐道場。云。無明者。爲明爲暗。師云。非明
非暗。明暗是代謝之法。無明且不明。亦不暗。不明祇
是本明。不明不暗。祇這一句子。亂卻天下人眼。所以
道假使滿世間。皆如舍利弗。盡思共度量。不能測佛

智。其無礙慧出過虛空。無你語論處。釋迦量等三千大千世界。忽有一菩薩出來一跨跨卻三千大千世界。不出普賢一毛孔。你如今把什麼本領擬學他。云旣是學不得。爲什麼道歸源性無二。方便有多門。如之何。師云。歸源性無二者。無明實性卽諸佛性。方便有多門者。聲聞人見無明生見無明滅。緣覺人但見無明滅。不見無明生。念念證寂滅。諸佛見衆生終日生而無生。終日滅而無滅。無生無滅。卽大乘果。所以道果滿菩提圓。華開世界起。舉足卽佛。下足卽衆生。諸佛兩足尊者。卽理足事足。衆生足生死足。一切等足足故不求。是你如今念念學佛。卽嫌著衆生。若嫌著衆生。卽是謗他十方諸佛。所以佛出世來。執除糞器。蠲除戲論之糞。祇教你除卻從來學心見心。除得盡。卽不墮戲論。亦云搬糞出。祇教你不生心。心若不生。自然成大智者。決定不分別佛與衆生。一切盡不分別。始得入我曹溪門下。故自古先聖云。少行我法門。所以無行爲我法門。祇是一心門。一切人到這裏盡不敢入。不道全無。祇是少人得。得者卽是佛。珍重。

問。如何得不落階級。師云。終日喫飯。未曾咬著一粒米。終日行。未曾踏著一片地。與麼時無人我等相。終日不離一切事。不被諸境惑。方名自在人。念念不見一切相。莫認前後三際。前際無去。今際無住。後際無來。安然端坐。任運不拘。方名解脫。努力努力。此門中千人萬人。祇得三箇五箇。若不將爲事。受殃有日在。故云。著力今生須了卻。誰能累劫受餘殃。

師於唐大中年中終於本山。宣宗敕謚斷際禪師。塔曰廣業。

金陵嚴正達捐資敬刻此錄上下二卷伏願

祖父母　父母　師長深種良因共登極樂

光緒十年夏四月金陵刻經處識

頓悟入道要門論

三十六世大珠慧海禪師

師建州朱氏子依越州大雲寺智和尚受業初參馬
祖祖曰來須何事曰來求佛法祖曰我這裏一物也
無求甚麽佛法自家寶藏不顧拋家散走作麽曰那
箇是慧海寶藏祖曰卽今問我者是汝寶藏一切具
足何假外求師於言下自識本心踴躍禮謝執侍六
載後以受業師老遽歸奉養撰頓悟入道要門一卷
傳至馬祖覽訖告衆曰越州有大珠圓明光自在衆
中知師姓朱推尋依附者號師爲大珠和尚贊曰
寶藏久埋拋家外走逢人指出始知本有照用無
方龍吟獅吼入道無門師闢其牖

頓悟入道要門論序

夫善知識者。如巨海舟航。能度迷類。長亘明炬。善破羣昏。大珠和尚首叅馬祖。使入慧海之法界。令開寶藏於自家。所以靈辯滔滔。譬大川之流水。峻機疊疊。如圓器之傾珠。於是曲設多方。垂慈利物。發揚至道。烏可以筆舌讚歎哉。妙叶維那。四明翠山大中理公之神足。夙具靈根。素培智種。禪

歩作又道是門語

餘之暇。閱此老語錄。有所證入。平生礙膺之物。脫然而去。從上佛祖舌頭。一無所疑矣。此亦古塔主覩雲門語而嗣之。正所謂也。故捐資鏤板。以廣其傳。期以後之來者。同一了悟。存此心者。豈淺淺耶。此之功勳不墜。行願彌堅。蓋可見矣。庶幾法流不泯。派永接於曹谿。燈焰長存。光愈明於少室者也。

阿育王山沙門崇裕書

頓悟入道要門論卷上

唐沙門慧海撰

稽首和南。十方諸佛。諸大菩薩眾。弟子今作此論。恐不會聖心。願賜懺悔。若會聖理。盡將迴施一切有情。願於來世。盡得成佛。

問。欲修何法。即得解脫。答。唯有頓悟一門。即得解脫。云何為頓悟。答。頓者頓除妄念。悟者悟無所得。問。從何而修。答。從根本修。

云何從根本修。答。心為根本。云何知心為根本。答。楞伽經云。心生即種種法生。心滅即種種法滅。維摩經云。欲得淨土。當淨其心。隨其心淨。即佛土淨。遺教經云。但制心一處。無事不辦。經云。聖人求心不求佛。愚人求佛不求心。智人調心不調身。愚人調身不調心。佛名經云。罪從心生。還從心滅。故知善惡一切。皆由自心。所以心為根本也。若求解脱者。先須識根本。若不達此理。虛費功勞。於外相求。無有是處。禪門經云。於外相求。雖經劫數。終不能成。於內覺觀。如一念頃。即證菩提。問。夫修根本。以何法修。答。惟坐禪。禪定即得。禪門經云。求佛聖智。要即禪定。若無禪定。念想喧動。壞其善根。問。云何為禪。云何為定。答。妄念不生為禪。坐見本性為定。本性者。是汝無生心。定者。對境無心。八風不能動。八風者。利。衰。毀。譽。稱。譏。苦。樂。是名八風。若得如是定者。雖是凡夫。即入佛位。何以故。菩薩戒經云。衆生受佛戒。即入諸佛位。得如是者。即名解脫。亦名達彼岸。超六度。越三界。大力菩薩。無量力尊。是大丈夫。　問。心住何處即住。答。住無住處即住。問。云何是無住處。答。不住一切處。即是住無住處。云何是不住一切處。答。不住一切處者。不住善惡有無內外中間。不住空。亦不住不空。不住定。亦不住不定。即是不住一切處。只箇不住一切處。即是住處也。得如是者。即名無住心也。無住心者是佛心。問。其心似何物。答。其心不青不黃。不赤不白。不長不短。不去不來。非垢非淨。不生不滅。湛然常寂。此是本心形相也。亦是本身。本身者即佛身也。問。

身心以何為見。是眼見。耳見。鼻見。及身心等見。答。見無如許種見。問。既無如許種見。復何見。答。是自性見。何以故。為自性本來清淨。湛然空寂。即於空寂體中。能生此見。問。只如清淨體尚不可得。此見從何而有。答。喻如明鑑中雖無像能見一切像。何以故。為明鑑無心故。學人若心無所染。妄心不生。我所心滅。自然清淨。以清淨故。能生此見。法句經云。於畢竟空中熾然建立。是善知識也。

問。涅槃經金剛身品。不可見。了了見。無有知者。無不知者。云何。答。不可見者。為自性體無形。不可得故。是名不可見也。然見不可得者。體寂湛然。無有去來。不離世流。世流不能流。坦然自在。即是了了見也。無有知者。為自性無形。本無分別。是名無有知者。無不知者。於無分別體中。

具有恒沙之用。能分別一切。即無事不知。是名無不知者。般若偈云。般若無知。無事不知。般若無見。無事不見。

問。經云。不見有無。即真解脫。何者是不見有無。答。證得淨心時。即名有。於中不生得淨心想。即名不見有也。得想無生無住。不得作無生無住想。即是不見無也。故云不見有無也。楞嚴經云。知見立知。即無明本。知見無見。斯即涅槃。亦名解脫。問。云何是無所見。答。
若見男子女人。及一切色像。於中不起愛
憎。與不見等。即是無所見也。問。對一切色
像時。即名為見。不對色像時。亦名見否。答。
見。問。對物時從有見。不對物時。云何有見。
答。今言見者。不論對物與不對物。何以故。
為見性常故。有物之時即見。無物之時亦
見也。故知物自有去來。見性無來去也。諸

根亦爾。問。正見物時。見中有物否。答。見中不立物。問。正見無物時。見中有無物否。答。見中不立無物。問。有聲時即有聞。無聲時還得聞否。答。亦聞。問。有聲時從有聞。無聲時云何得聞。答。今言聞者。不論有聲無聲。何以故。為聞性常故。有聲時即聞。無聲時亦聞。問。如是聞者是誰。答。是自性聞。亦名知者聞。問。此頓悟門以何為宗。以何為旨。以何為體。以何為用。答。無念為宗。妄心不起為旨。以清淨為體。以智為用。問。既言無念為宗。未審無念者無何念。答。無念者。無邪念。非無正念。云何為邪念。云何名正念。答。念有念無。即名邪念。不念有無。即名正念。念善念惡。名為邪念。不念善惡。名為正念。乃至苦樂生滅。取捨怨親憎愛。並名邪念。不念苦樂等。即名正念。問。云何是正念。答。正念者。唯念菩提。問。菩提可得否。
答。菩提不可得。問。既不可得。云何唯念菩
提。答。只如菩提。假立名字。實不可得。亦無
前後得者。為不可得故。即無有念。只箇無
念。是名真念。菩提無所念。無所念者。即一
切處無心。是無所念。只如上說如許種無
念者。皆是隨事方便。假立名字。皆同一體。
無二無別。但知一切處無心。即是無念也。

得無念時。自然解脫。問。云何行佛行。答。不行一切行。即名佛行。亦名正行。亦名聖行。如前所說。不行有無憎愛等是也。大律卷五菩薩品云。一切聖人。不行於衆生行。衆生不行如是聖行。問。云何是正見。答。見無所見。即名正見。問。云何名見無所見。答。見一切色時。不起染着。不染着者。不起愛憎心。即名見無所見也。若得見無所見時。即名佛眼。更無別眼。若見一切色時起愛憎者。即名有所見。有所見者。即是眾生眼。更無別眼作眾生眼。乃至諸根亦復如是。問。既言以智為用者。云何為智。答。知二性空。即是解脫。知二性不空。不得解脫。是名為智。亦名了邪正。亦名識體用。二性空即是體。知二性空即是解脫。更不生疑即名為用。言二性空者。不生有無。善惡。愛憎。名二性空。問。此門從何而入。答。從檀波羅蜜入。問。佛說六波羅蜜是菩薩行。何故獨說檀波羅蜜。云何具足而得入也。答。迷人不解五度皆因檀度生。但修檀度。即六度悉皆具足。問。何因緣故名為檀度。答。檀者。名為布施。問。布施何物。答。布施却二性。問云何是二性。答。布施却善惡性。布施却有無性。愛憎性。空不空性。定不定性。淨不淨性。一切悉皆施却。即得二性空。若得二性空時。亦不得作二性空想。亦不得作念有施想。即是真行檀波羅蜜。名萬緣俱絕。萬緣俱絕者。即一切法性空是也。法性空者。即一切處無心是。若得一切處無心時。即無有一相可得。何以故。為自性空故。無一相可得。無一相可得者。即是實相。實相者。即是如來妙色身相也。金剛經云。離一切諸相。則名諸佛。問。佛說六波羅蜜。今云何說一即能具足。願說一具六法之因。答。思益經云。網明尊謂梵天言。若菩薩捨一切煩惱。名檀波羅蜜。即是布施。於諸法無所起。名尸波羅蜜。即是持戒。於諸法無所念。名羼提波羅蜜。即是忍辱。於諸法離相。名毗離耶波羅蜜。即是精進。於諸法無所住。名禪波羅蜜。即是禪定。於諸法無戲論。

名般若波羅蜜。即是智慧。是名六法。今更名六法不異。一捨。二無起。三無念。四離相。五無住。六無戲論。如是六法。隨事方便。假立名字。至於妙理。無二無別。但知一捨。即一切捨。無起即一切無起。迷途不契。悉謂有差。愚者滯其法數之中。即長輪生死。告汝學人。但修檀之法。即萬法周圓。況於五法。豈不具耶。問三學等用。何者是三學。

云何是等用。答。三學者。戒定慧是也。問。其義云何是戒定慧。答。清淨無染是戒。知心不動。對境寂然是定。知心不動時。不生不動想。知心清淨時。不生清淨想。乃至善惡皆能分別。於中無染。得自在者。是名為慧也。若知戒定慧體。俱不可得時。即無分別。即同一體。是名三學等用。 問。若心住淨時。不是著淨否。答。得住淨時。不作住淨想。

是不着淨。問。心住空時。不是着空否。答。若作空想。即名著空。問。若心得住無住處時。不是着無所處否。答。但作空想。即無有着處。汝若欲了了識無所住心時。正坐之時。但知心莫思量一切物。一切善惡都莫思量。過去事已過去而莫思量。過去心自絕。即名無過去事。未來事未至。莫願莫求。未來心自絕。即名無未來事。現在事已現在。

於一切事但知無著。無著者。不起憎愛心。即是無著。現在心自絕。即名無現在事。三世不攝。亦名無三世也。心若起去時。即莫隨去。去心自絕。若住時亦莫隨住。住心自絕。即無住心。即是住無住處也。若了了自知。住在住時。只物住。亦無住處。亦無無住處也。若是了了知心不住一切處。即名了了見本心也。亦名了了見性也。只箇不住一切處心者。即是佛心。亦名解脱心。亦名菩提心。亦名無生心。亦名色性空。經云證無生法忍是也。汝若未得如是之時。努力努力。勤加用功。功成自會。所言會者。一切處無心即是會。言無心者。無假不真也。假者愛憎心是也。真者無愛憎心是也。但無憎愛心。即是二性空。二性空者。自然解脱也。問。為只坐用。行時亦得為用否。答。今言用功者。不獨言坐。乃至行住坐臥。所造運為。一切時中。常用無間。即名常住也。問。方廣經云。五種法身。一實相法身。二功德法身。三法性法身。四應化法身。五虛空法身。於自己身何者是。答。知心不壞。是實相法身。知心含萬像。是功德法身。知心無心。是法性法身。隨根應說。是應化法身。知心無形不可得。是虛空法身。若了此義者。

即知無證也。無得無證者。即是證佛法身。若有得有證者。即邪見增上慢人也。名為外道。何以故。維摩經云。舍利弗問天女曰。汝何所得。何所證。辯乃得如是。天女答曰。我無得無證。乃得如是。若有得有證。即於佛法中為增上慢人也。

問。經云等覺妙覺。云何是等覺。云何是妙覺。答。即色即空。名為等覺。二性空故。名為妙覺。又云無覺無無覺名爲妙覺也。問。等覺與妙覺爲別爲不別。答。爲隨事方便假立二名。本體是一。無二無別。乃至一切法皆然也。問。金剛云。無法可說是名說法。其義云何。答。般若體畢竟清淨。無有一物可得。是名無法可說。即於般若空寂體中。具恒沙之用。即無事不知。是名說法。故云。無法可說。是名說法。問。若有善男子善女人。受持讀誦此經。若為人輕賤。是人先世罪業。應墮惡道。以今世人輕賤故。先世罪業。即為消滅當得阿耨多羅三藐三菩提。其義云何。答。只如有人未遇大善知識。唯造惡業。清淨本心被三毒無明所覆。不能顯了。故云應墮惡道也。以今世人輕賤者。即是今日發心求佛道。為無明滅盡。三毒不生。即本心明朗。更無亂念。諸惡永滅。故以今世人輕賤

也。無明滅盡。亂念不生。自然解脫。故云當
得菩提。即發心時名為今世。非隔生也。又
云如來五眼者何。答。見色清淨。名為肉眼。
見體清淨。名為天眼。於諸色境。乃至善惡。
悉能微細分別。無所染着。於中自在。名為
慧眼。見無所見。名為法眼。無見無無見。名
為佛眼。又云。大乘最上乘。其義云何。答。大
乘者是菩薩乘。最上乘者是佛乘。又問。云

何修而得此乘。答。修菩薩乘者。即是大乘。證菩薩乘。更不起觀。至無修處。湛然常寂。不增不減。名最上乘。即是佛乘也。問。涅槃云。定多慧少。不離無明。定少慧多。增長邪見。定慧等故。即名解脫。其義如何。答。對一切善惡。悉能分別是慧。於所分別之處。不起愛憎。不隨所染。是定。即是定慧等用。說。又問。無言無說。即名為定。正言說之時得名定否。答。今言定者。不論說與不說常定。何以故。為用定性言說分別時。即言說分別亦定。若以空心觀色時。即觀色時亦空。若不觀色。不說不分別時亦空。乃至見聞覺知。亦復如是。何以故。為自性空。即於一切處悉空。空即無着。無著即是等用。為菩薩常用如是等空之法。得至究竟。故云定慧等者。即名解脫也。今更為汝譬喻顯示。令汝惺惺得解斷疑。譬如明鑑照像之時。其明動否。不也。不照時亦動否。不也。何以故。為明鑑用無情明照。所以照時不動。不照亦不動。何以故。為無情之中。無有動者。亦無不動者。又如日光照世之時。其光動否。不也。若不照時動否。不也。何以故。為光無情。故用無情光照。所以不動。不照亦不動。照者是慧。不動者是定。菩薩用是定慧等法得三菩提。故云定慧等用。即是解脫也。今言無情者。無凡情。非無聖情也。問。云何是凡情。云何是聖情。答。若起二性。即是凡情。二性空故。即是聖情。問。經云。言語道斷。心行處滅。其義如何。答。以言顯義。得義言絕。義即是空。空即是道。道即是絕言。故云言語道斷。心行處滅。謂得義實際。更不起觀。不起觀故。即是無生。以無生故。

即一切色性空。色性空故。即萬緣俱絕。萬緣俱絕者。即是心行處滅。問。如如者云何。答。如如是不動義。心真如故名如如也。是知過去諸佛行此行。亦得成道。現在佛行此行。亦得成道。未來佛行此行。亦得成道。三世所修證道無異。故名如如也。維摩經云。諸佛亦如也。至於彌勒亦如也。乃至一切衆生悉皆如也。何以故。為佛性不斷。

有性故也。問。即色即空。即凡即聖。是頓悟否。答。是。問。云何是即色即空。云何是即凡即聖。答。心有染即色。心無染即空。心有染即凡。心無染即聖。又云真空妙有故即色。色不可得故即空。今言空者。是色性自空。非色滅空。今言色者。是空性自色。非色能色也。問。經云盡無盡法門如何。答。為二性空故。見聞無生是盡。盡者。諸漏盡。無盡者。於無生體中。具恒沙妙用。隨事應現。悉皆具足。於本體中亦無損減。是名無盡。即是盡無盡法門也。問盡與無盡。爲一爲別。答。體是一。說即有別。問。體既是一。云何說別。答。一者是說之體。說是體之用。爲隨事應用。故云體同說別。喻如天上一日。下置種種盆器。盛水。一一器中皆有於日。諸器中日悉皆圓滿。與天上日亦無差別。故云體同。為隨器立名。即有差别。所以有别。故云體同。説即有别。所現諸日悉皆圓滿。於上本日。亦無損減。故云無盡也。問經云不生不滅。何法不生。何法不滅。答。不善不生。善法不滅。問。何者善。何者不善。答不善者是染漏心。善法者是無染漏心。但無染無漏。即是不善不生。得無染無漏時。即清淨圓明。湛然常寂。畢竟不遷。是名善法不滅也。此即是不生不滅。問。菩薩戒云。衆生受佛戒。即入諸佛位。位同大覺已。真是諸佛子。其義云何。答。佛戒者。清淨心是也。若有人發心修行清淨行。得無所受心者。名受佛戒也。過去諸佛皆修清淨無受行。得成佛道。今時有人發心。修無受清淨行者。即與佛功德等用。無有異也。故云入諸佛位也。如是悟者。與佛悟同。故云位同大覺已。真是諸佛子。從清淨心生智。智清淨名為諸佛子。亦名真佛子。問。只如佛之與法。為是佛在先。為是法在先。若法在先。法是何佛所說。若佛在先。承何教而成道。答。佛亦在法先。亦在法後。問。因何佛法先後。答。若據寂滅法。是法先佛後。若據文字法。是佛先法後。何以故。一切諸佛。皆因寂滅法而得、成佛。即是法先佛後。經云。諸佛所師。所謂法也。得成道已。然、始廣說十二部經。引化衆生。衆生承佛法教修行得成佛。即是佛先法後也。問。云何是說通宗不通。答。言行相違。即是說通宗不通。問。云何是宗通說亦通。答。言行無差。即是說通宗亦通。

問。經云。到不到。不到到之法。云何。答。說到行不到。名為到不到。行到說不到。名為不到到。行說俱到。名為到到。

問佛法不盡有為。不住無為。何者是不盡有為。何者是不住無為。答。不盡有為者。從初發心。至菩提樹下成等正覺。後至雙林入般涅槃。於中一切法。悉皆不捨。即是不盡有為也。不住無為者。雖修無念。不以無念為證。雖修空。不以空為證。雖修菩提涅槃無相無作。不以無相無作為證。即是不住無為也。

問。為有地獄。為無地獄。答亦

有亦無。問。云何亦有亦無。答。為隨心所造
一切惡業。即有地獄。若心無染。自性空故
即無地獄。　問。受罪眾生有佛性否。答。亦
有佛性。問。既有佛性。正入地獄時佛性同
入否。答。不同入。問。正入之時佛性復在何
處。答。亦同入。問。既同入。正入時。眾生受罪。
佛性亦同受罪否。答。佛性雖隨眾生同入。
是眾生自受罪苦。佛性元來不受。問。既同

入。因何不受。答。眾生者。是有相。有相者。即
有、成壞。佛性者。是無相。無相者。即是空性
也。是故真空之性。無有壞者。喻如有人於
空積薪。薪薪自受壞。空不受壞也。空喻佛性。
薪喻眾生。故云同入而不同受也。　問轉
八識成四智。束四智成三身。幾、箇識共成
一智。幾、箇識獨、成一智。答。眼耳鼻舌身。此
五識共、成、成所作智。第六是意識獨成妙

觀察智。第七意獨成平等性智。第八含藏
識獨成大圓鏡智。問此四智為別為同。答。
體同名別。問。體既同。云何名別。既隨事立
名。正一體之時。何者是大圓鏡智。答。湛然
空寂。圓明不動。即大圓鏡智。能對諸塵不
起愛憎。即是二性空。二性空即平等性智。
能入諸根境界。善能分別。不起亂想而得
自在。即是妙觀察智。能令諸根隨時應用。

悉入正受。無二相者。即是成所作智。問東
四智成三身者。幾箇智共成一身。幾箇智
獨成一身。答。大圓鏡智獨成法身。平等性
智獨成報身。妙觀察智與成所作智共成
化身。此三身亦假立名字分別。只令未解
者看。若了此理。亦無三身應用。何以故。為
體性無相。從無住本而立。亦無無住本。
問。云何是見佛真身。答。不見有無。即是見

佛真身。問。云何不見有無。即是見佛真身。答。有因無立。無因有顯。本不立有。無亦不存。既不存無。有從何得。有之與無。相因始有。既相因而有。悉是生滅也。但離此二見。即是見佛真身。問。只如有無尚不可交建立。真身從何而立。答。為有問故。若無問時。真身之名亦不可立。何以故。譬如明鏡。若對物像時即現像。若不對像時。終不見像。問云何是常不離佛。答心無起滅。對境寂然。一切時中。畢竟空寂。即是常不離佛。問。何者是無為法。答。有為是。問。今問無為法。因何答有為是。答。有因無立。無因有顯。本不立有。無從何生。若論真無為者。即不取有為。亦不取無為。是真無為法也。何以故經云。若取法相。即著我人。若取非法相。即著我人。是故不應取法。不應取非法。即是取真法也。若了此理。即真解脫。即會不二法門。問。何者是中道義。答。邊義是。問今問中道。因何答邊義。答。邊因中立。中因邊生。本若無邊。中從何有。今言中者。因邊始有。故知中之與邊。相因而立。悉是無常。色受想行識。亦復如是。 問。何名五陰等。答。對色染色。隨色受生。名為色陰。為領納八風。好集邪信。即隨領受中生。名為受陰。迷心取想。隨想受生。名為想陰。結集諸行。隨行受生。名為行陰。於平等體。妄起分別繫著。隨識受生。名為識陰。故云五陰。問。經云二十五有。何者是。答。受後有身是也。後有身者。即六道受生也。為眾生現世心迷。好結諸業。後即隨業受生。故云後有也。世若有人。志修究竟解脫。證無生法忍者。即永離三界。不受後有。不受後有

者。即證法身。法身者。即是佛身。問。二十五
有名。云何分別。答。本體是一。為隨用立名。
顯二十五有。二十五有。十惡十善五陰是。
問。云何是十惡十善。答。十惡。殺。盜。婬。妄言。
綺語。兩舌。惡口。乃至貪。瞋。邪見。此名十惡。
十善者。但不行十惡即是也。問。上說無
念。尚未盡決。答。無念者。一切處無心是。無
一切境界。無餘思求是。對諸境色。永無起

動。是即無念。無念者。是名真念也。若以念為念者。即是邪念。非為正念。何以故。經云。若教人大念。名為非念。有六念名為邪念。無六念者。即真念。經云。善男子。我等住於無念法中。得如是金色三十二相。放大光明。照無餘世界。不可思議功德。佛說之猶不盡。何況餘乘能知也。得無念者。六根無染故。自然得入諸佛知見。得如是者。即名佛藏。亦名法藏。即能一切佛。一切法。何以故。為無念故。經云。一切諸佛等。皆從此經出。問。既稱無念。入佛知見。復從何立。答。從無念立。何以故。經云。從無住本。立一切法。又云。喻如明鑑。鑑中雖無像。而能現萬像。何以故。為鑑明故。能現萬像。學人為心無染故。妄念不生。我人心滅。畢竟清淨。以清淨故。能生無量知見。頓悟者。不離此生。即得解脫。何以知之。譬如師子兒。初生之時。即真師子。修頓悟者。亦復如是。即修之時。即入佛位。如竹春生筍。不離於春。即與母齊。等無有異。何以故。為心空故。修頓悟者。亦復如是。為頓除妄念。永絕我人。畢竟空寂。即與佛齊。等無有異。故云即凡即聖也。修頓悟者。不離此身。即超三界。經云。不壞世間。而超世間。不捨煩惱。而入涅槃。不修頓悟者。猶如野干。隨逐師子。經百千劫。終不得成師子。又問真如之性。為實空。為實不空。若言不空。即是有相。若言空者。即是斷滅。一切衆生。當依何修。而得解脫。答真如之性。亦空亦不空。何以故。真如妙體。無形無相。不可得也。是名亦空。然於空無相體中。具足恒沙之用。即無事不應。是名亦不空。經云。解一即千從。迷一即萬惑。若人守一。萬事畢。是悟道之妙也。經云。森羅及萬像。一法之所印。云何一法中。而生種種見。如此功業。由行爲本。若不降心。依文取證。無有是處。自誑誑他。彼此俱墜。努力努力。細細審之。只是事來不受。一切處無心。得如是者。即入涅槃。證無生法忍。亦名不二法門。亦名無諍。亦名一行三昧。何以故。畢竟清淨。無我人故。不起愛憎。是二性空。

是無所見。即是真如無得之辯。此論不傳無信。唯傳同見同行。當觀前人有誠信心。堪任不退者。如是之人。乃可為說。示之令悟。吾作此論。為有緣人。非求名利。只如諸佛所說。千經萬論。只為眾生迷故。心行不同。隨邪應說。即有差別。如論究竟解脫理者。只是事來不受。一切處無心。永寂如空。畢竟清淨。自然解脫。汝莫求虛名。口說真如心似猿猴。即言行相違。名為自誑。當墮惡道。莫求一世虛名快樂。不覺長劫受殃。努力努力。眾生自度。佛不能度。若佛能度眾生時。過去諸佛如微塵數。一切眾生總應度盡。何故我等至今流浪生死。不得成佛。當知眾生自度。佛不能度。努力努力自修。莫倚他佛力。經云。夫求法者。不著佛求。

問。於來世中。多有雜學之徒。云何共住。答。

但和其光。不同其業。同處不同住。經云。隨流而性常也。只如學道者。自為大事因緣解脫之事。俱勿輕未學。敬學如佛。不高己德。不疾彼能。自察於行。不舉他過。於一切處。悉無妨礙。自然快樂也。重說偈云。

忍辱第一道。　先須除我人。
事來無所受。　即真菩提身。

金剛經云。通達無我法者。如來說名真是

菩薩。又云。不取亦不捨。永斷於生死。一切處無心。即名諸佛子。涅槃經云。如來證涅槃。永斷於生死。偈曰。

我今意況大好　他人罵時無惱
無言不說是非　涅槃生死同道
識達自家本宗　猶來無有青草
一切妄想分別　將知世人不了
寄言凡夫末代　除却心中藁草

我今意況大寬　不語無事心安
從容自在解脫　東西去易不難
終日無言寂寞　念念向理思看
自然逍遙見道　生死定不相干
我今意況大奇　不向世上侵欺
榮華總是虛誑　弊衣麤食充飢
道逢世人懶語　世人咸說我痴
外道瞪瞪暗鈍　心中明若瑠璃

默契羅睺密行　非汝凡夫所知
吾恐汝等不會了真解脫理。再示汝等。
問。維摩經云。欲得淨土。當淨其心。云何是
淨心。答以畢竟淨為淨。問。云何是畢竟淨
為淨。答。無淨無無淨。即是畢竟淨。問。云何
是無淨無無淨。答。一切處無心是淨。得淨
之時。不得作淨想。即名無淨也。得無淨時。
亦不得作無淨想。即是無無淨也。　問。修

道者。以何為證。答。畢竟證為證。問。云何是畢竟證。答。無證無無證。是名畢竟證。問。云何是無證。云何是無無證。答。於外不染色聲等。於內不起妄念心。得如是者即名為證。得證之時。不得作證想。即名無證也。得此無證之時。亦不得作無證想。是名無證即名無無證也。問。云何解脫心。答。無解脫心。亦無無解脫心。即名眞解脫也。經云。

法尚應捨。何況非法。法者是有。非法是無也。但不取有無。即真解脫。問云何得道。答以畢竟得為得。問云何是畢竟得。答無得無無得。是名畢竟得。問云何是畢竟空。答。無空無無空。即名畢竟空。問云何是真如定。答。無定無無定。即名真如定。經云。無有定法名阿耨多羅三藐三菩提。亦無定法如來可說。經云。雖修空不以空為證。不得作空想。即是也。雖修定不以定為證。不得作淨想。即是也。若得定得淨。得一切處無心之時。即作得如是想者。皆是妄想。即被繫縛。不名解脫。若得如是之時。了了自知得自在。即不得將此為證。亦不得作如是想。即得解脫。經云。若起精進心。是妄非精進。若能心不妄。精進無有涯。

問。云何是中道。答。無中間。亦無二邊。即中道也。云何是二邊。答。為有彼心有此心。即是二邊。云何名彼心此心。答。外縛色聲。名為彼心。內起妄念。名為此心。若於外不染色。即名無彼心。內不生妄念。即名無此心。此非二邊也。心既無二邊。中亦何有哉。得如是者。即名中道。真如來道。如來道者。即一切覺人解脫也。經云。虛空無中邊。諸佛身亦然。然一切色空者。即一切處無心也。

一切處無心者。即一切色性空。二義無別。亦名色空。亦名色無法也。汝若離一切處無心。得菩提。解脫。涅槃。寂滅。禪定。見性者。非也。一切處無心者。即修菩提。解脫。涅槃。寂滅。禪定。乃至六度。皆見性處。何以故。金剛經云。無有少法可得。是名阿耨多羅三藐三菩提也。問。若有修一切諸行俱足成就。得受記否。答。不得。 問。若以一切法無修。得成就。得受記否。答。不得。問。若恁麼時當以何法而得受記。答。不以有行。亦不以無行。即得受記。何以故。維摩經云。諸行性相。悉皆無常。涅槃經云。佛告迦葉。諸行是常。無有是處。汝但一切處無心。即無諸行。亦無無行。即名受記。所言一切處無心者。無憎愛心是。言憎愛者。見好事不起愛心。即名無愛心也。見惡事亦不起憎心。即名無憎心也。無愛者。即名無染心。即是色性空也。色性空者。即是萬緣俱絕。萬緣俱絕者。自然解脫。汝細看之。若未惺惺了時。即須早問。勿使空度。汝等若依此教修。不解脫者。吾即終身為汝受大地獄。吾若誑汝者。吾當所生處為師子虎狼所食。汝若不依教。自不勤修。即不知也。一失人身。萬劫不復。努力努力。須合知爾。

頓悟入道要門論卷下

諸方門人參問語錄

師諱慧海。建州人。姓朱氏。依越州大雲寺智和尚受業。初參馬祖。祖問從何處來。曰越州大雲寺來。祖曰。來此擬須何事。曰。來求佛法。祖曰。自家寶藏不顧。拋家散走作什麼。我這裡一物也無。求什麼佛法。師遂禮拜問曰。阿那箇是慧海自家寶藏。祖曰。

即今問我者。是汝寶藏。一切具足。更無欠少。使用自在。何假向外求覓。師於言下大悟。識自。本。心。不由。知。覺。踊躍禮謝。師事六載。後以受業師年老。遽歸奉養。乃晦迹藏用。外示痴訥。自撰頓悟入道要門論一卷。法姪玄晏。竊出江外呈馬祖。祖覽訖。謂眾曰。越州有大珠。圓明光透。自在無遮障處也。眾中有知師姓朱者。迭相推識。結契來越上。尋訪依附。時號大珠和尚。
師謂學徒曰。我不會禪。並無一法可示於
人。故不勞汝久立。且自歇去。時學侶漸多。
日夜叩激。事不得已。隨問隨答。其辯無礙。
時有法師數人來謁。曰。擬伸一問。師還對
否。師曰。深潭月影。任意撮摩。問。如何是佛。
師曰。清譚對面。非佛而誰。衆皆茫然。良久。
其僧又問。師說何法度人。師曰。貧道未曾

有一法度人。曰。禪師家渾如此。師却問曰。
大德說何法度人。曰。講金剛般若經。師曰。
講幾座來。曰。二十餘座。師曰。此經是阿誰
說。僧抗聲曰。禪師相弄。豈不知是佛說耶。
師曰。若言如來有所說法。則為謗佛。是人
不解我所說義。若言此經不是佛說。則是
謗經。請大德說看。僧無對。師少頃又問。經
云。若以色見我。以音聲求我。是人行邪道。

不能見如來。大德且道阿那箇是如來。曰。某甲到此却迷去。師曰。從來未悟。說什麼却迷。僧曰。請禪師為說。師曰。大德講經二十餘座。却不識如來。其僧再禮拜。願垂開示。師曰。如來者。是諸法如義。何得忘却。曰。是。是諸法如義。師曰。大德。是亦未是。曰經文分明。那得未是。師曰。大德如否。曰如。師曰。木石如否。曰如。師曰。大德如同木石如否。曰。無二。師曰。大德與木石何別。僧無對。乃歎云。此上人者。難為酬對。良久却問。如何是大涅槃。師曰。不造生死業。問曰。如何是生死業。師曰。求大涅槃是生死業。捨垢取淨。是生死業。有得有證。是生死業。不脫對治門。是生死業。曰。云何即得解脫。師曰。本自無縛。不用求解。直用直行。是無等等。僧曰。禪師如和尚者。實謂希有。禮謝而去。

有行者問。即心即佛。那箇是佛。師云。汝疑那箇不是佛。指出看。無對。師曰。達即徧境是。不悟永乖疎。

有律師法明謂師曰。禪師家多落空。師曰。却是座主家多落空。法明大驚曰。何得落空。師曰。經論是紙墨文字。紙墨文字者俱空。設於聲上建立名句等法。無非是空。座主執滯教體。豈不落空。法明曰。禪師落空否。師曰。不落空。曰。何以不落空。師曰。文字等皆從智慧而生。大用現前。那得落空。法明曰。故知一法不達。不名悉達。師曰。律師不唯落空。兼乃錯用名言。法明作色問曰。何處是錯。師曰。律師未辨華竺之音。如何講說。曰。請禪師指出法明錯處。師曰。豈不知悉達是梵語耶。律師雖省過。而心猶憤然。具梵語。薩婆曷剌他悉陀。中國翻云。一切義成。舊云悉達多。猶是訛畧。

又問曰。夫經律論是佛語。讀誦依教奉行。何故不見性。師曰。如狂狗趁塊。師子咬人。經律論是自性用。讀誦者是性法。法明又曰。阿彌陀佛有父母及姓否。師曰。阿彌陀姓憍尸迦。父名月上。母名殊勝妙顏。曰。出何教文。師曰。出陀羅尼集。法明禮謝讚歎而退。

有三藏法師問。真如有變易否。師曰。有變

易。三藏曰。禪師錯也。師却問。三藏有真如
否。曰有。師曰。若無變易。決定是凡僧也。豈
不聞善知識者。能迴三毒為三聚淨戒。迴
六識為六神通。迴煩惱作菩提。迴無明為
大智。真如若無變易。三藏真是自然外道
也。三藏曰。若爾者。真如即有變易。師曰。若
執真如有變易。亦是外道。曰禪師適來說
真如有變易。如今又道不變易。如何即是

的當。師曰若了了見性者。如摩尼珠現色。說變亦得。說不變亦得。若不見性人。聞說真如變便作變解。聞說不變便作不變解。三藏曰。故知南宗。實不可測。

有道流問。世間有法過自然否。師曰有。曰。何法過得。師曰。能知自然者。曰。元氣是道否。師曰。元氣自元氣。道自道。曰。若如是者。則應有二。師曰。知無兩人。又問。云何為邪。

云何為正。師曰。心逐物為邪。物從心為正。

有源律師來問。和尚修道。還用功否。師曰。用功。曰。如何用功。師曰。飢來喫飯。困來即眠。曰。一切人總如是。同師用功否。師曰。不同。曰。何故不同。師曰。他喫飯時不肯喫飯。百種須索。睡時不肯睡。千般計校。所以不同也。律師杜口。

有韞光大德問。禪師自知生處否。師曰。未

曾死。何用論生。知生即是無生法。無離生法說有無生。祖師云。當生即不生。曰。不見性人。亦得如此否。師曰。自不見性。不是無性。何以故。見即是性。無性不能見。識即是性。故名識性。了即是性。喚作了性。能生萬法。喚作法性。亦名法身。馬鳴祖師云。所言法者。謂衆生心。若心生。故一切法生。若心無生。法無從生。亦無名字。迷人不知法身無象。應物現形。遂喚青青翠竹。總是法身。鬱鬱黃花。無非般若。黃華若是般若。般若即同無情。翠竹若是法身。法身即同草木。如人喫筍。應總喫法身也。如此之言。寧堪齒錄。對面迷佛。長劫希求。全體法中。迷而外覓。是以解道者。行住坐臥。無非是道。悟法者。縱橫自在。無非是法。 大德又問。太虛能生靈智否。真心緣於善惡否。貪欲人是道否。執是執非人向後心通否。觸境生心人有定否。住於寂寞人有慧否。懷高傲物人有我否。執空執有人有智否。尋文取證人。苦行求佛人。離心求佛人。執心是佛人。此皆稱道否。請禪師一一開示。師曰。太虛不生靈智。真心不緣善惡。嗜欲深者機淺。是非交爭者未通。觸境生心者少定。寂寞忘機者慧沈。傲物高心者我壯。執空執有者皆愚。尋文取證者益滯。苦行求佛者俱迷。離心求佛者外道。執心是佛者為魔。大德曰。若如是應畢竟無所有。師曰。畢竟是大德。不是畢竟無所有。大德踊躍禮謝而去。

師上堂曰。諸人幸自好箇無事人。苦死造作。要担枷落獄作麼。每日至夜奔波。道我參禪學道。解會佛法。如此轉無交涉也。只是逐聲色走。有何歇時。貧道聞江西和尚道。汝自家寶藏一切具足。使用自在。不假外求。我從此一時休去。自己財寶。隨身受用。可謂快活。無一法可取。無一法可捨。不見一法生滅相。不見一法去來相。徧十方界。無一微塵許不是自家財寶。但自子細觀察。自心一體三寶。常自現前。無可疑慮。莫尋思。莫求覓。心性本來清淨。故華嚴經云。一切法不生。一切法不滅。若能如是解。諸佛常現前。又淨名經云。觀身實相。觀佛亦然。若不隨聲色動念。不逐相貌生解。自然無事。去。莫久立。珍重。此日大衆普集。久而不散。師曰。諸人何故在此不去。貧道已對面相呈。還肯休麼。有何事可疑。莫錯用心。枉費氣力。若有疑情。一任諸人恣意早問。時有僧法淵問曰。云何是佛。云何是法。云何是僧。云何是一體三寶。願師垂示。
師曰。心是佛。不用将佛求佛。心是法。不用
将法求法。佛法無二。和合為僧。即是一體
三寶。經云。心佛及眾生。是三無差別。身口
意清淨。名為佛出世。三業不清淨。名為佛
滅度。喻如瞋時無喜。喜時無瞋。唯是一心。
實無二體。本智法爾無漏現前。如蛇化為
龍。不改其鱗。眾生迴心作佛。不改其面。性

本清淨。不待修成。有證有修。即同增上慢者。真空無滯。應用無窮。無始無終。利根頓悟。用無等等。即是阿耨菩提。心無形相。即是微妙色身。無相即是實相法身。性相體空。即是虛空無邊身。萬行莊嚴。即是功德法身。此法身者。乃是萬化之本。隨處立名。智用無盡。名無盡藏。能生萬法。名本法藏。具一切智。名智慧藏。萬法歸如。名如來藏。

經云。如來者。即諸法如義。又云。世間一切生滅法。無有一義不歸如也。

有客問云。弟子未知律師法師禪師。何者最勝。願和尚慈悲指示。師曰。夫律師者。啟毗尼之法藏。傳壽命之遺風。洞持犯而達開遮。秉威儀而行軌範。牒三番羯磨作四果初因。若非宿德白眉。焉敢造次。夫法師者。踞師子之座。瀉懸河之辯。對稠人廣眾。

啟鑿玄關。開般若妙門。等三輪空施。若非龍象蹴蹋。安敢當斯。夫禪師者。撮其樞要。直了心源。出沒卷舒。縱橫應物。咸均事理。頓見如來。拔生死深根。獲現前三昧。若不安禪靜慮。到這裏總須茫然。隨機授法。三學雖殊。得意忘言。一乘何異。故經云。十方佛土中。唯有一乘法。無二亦無三。除佛方便說。但以假名字。引導諸眾生。客曰。和尚深達佛旨。得無碍辯。　又問。儒道釋三教。
為同為異。師曰。大量者用之即同。小機者
執之即異。總從一性上起用。機見差別成
三。迷悟由人。不在教之異同。
講唯識道光座主問曰。禪師用何心修道。
師曰。老僧無心可用。無道可修。曰。既無心
可用。無道可修。云何每日聚眾勸人學禪
修道。師曰老僧尚無卓錐之地。什麼處聚

衆來。老僧無舌。何曾勸人來。曰禪師對面妄語。師曰。老僧尚無舌勸人。焉解妄語。曰某甲却不會禪師語論也。師曰。老僧自亦不會。

講華嚴志座主問。何故不許青青翠竹盡是法身。鬱鬱黃華。無非般若。師曰。法身無象。應翠竹以成形。般若無知。對黃華而顯相。非彼黃華翠竹。而有般若法身也。故經

云。佛真法身。猶若虛空。應物現形。如水中
月。黃華若是般若。般若即同無情。翠竹若
是法身。翠竹還能應用。座主會麼。曰。不了
此意。師曰。若見性人。道是亦得。道不是亦
得。隨用而說。不滯是非。若不見性人。說翠
竹著翠竹。說黃華著黃華。說法身滯法身。
說般若不識般若。所以皆成諍論。志禮謝
而去。

人問將心修行。幾時得解脫。師曰。將心修行。喻如滑泥洗垢。般若玄妙。本自無生。大用現前。不論時節。曰。凡夫亦得如此否。師曰。見性者即非凡夫。頓悟上乘。超凡越聖。迷人論凡論聖。悟人超越生死涅槃。迷人說事說理。悟人大用無方。迷人求得求證。悟人無得無求。迷人期遠劫證。悟人頓見。

維摩座主問。經云。彼外道六師等。是汝之

師。因其出家。彼知所隨。汝亦隨墮。其施汝者。不名福田。供養汝者。隨墮三惡道。謗於佛。毀於法。不入眾數。終不得滅度。汝若如是。乃可取食。今請禪師明為解說。師曰。迷徇六根者。號之為六師。心外求佛。名為外道有物可施。不名福田。生心受供。墮三惡道。汝若能謗於佛者。是不著佛求。毀於法者。是不著法求。不入眾數者。是不著僧求。終不得滅度者。智用現前。若有如是解者。便得法喜禪悅之食。

有行者問。有人問佛答佛。問法答法。喚作一字法門。不如是否。師曰。如鸚鵡學人語話。自語不得。為無智慧故。譬如將水洗水。將火燒火。都無義趣。

人問。言之與語。為同為異。師曰。一也。謂言成句名語矣。且如靈辯滔滔。譬大川之流水。峻機疊疊。如圓器之傾珠。所以廓萬象。
號懸河。剖乎義海。此是語也。言者一字表
心也。內著玄微。外現妙相。萬機撓而不亂。
清濁混而常分。齊王猶慙大夫之辭。文殊
尚歎淨名之說。今之常人。云何能解。
源律師問。禪師常譚即心是佛。無有是處。
且一地菩薩。分身百佛世界。二地增於十
倍。禪師試現神通看。師曰。闍梨自己是凡

是聖。曰是凡。師曰。既是凡僧。能問如是境界。經云。仁者心有高下。不依佛慧。此之是也。又問。禪師每云。若悟道。現前身便解脫。無有是處。師曰。有人一生作善。忽然偷物入手。即身是賊否。曰故知是也。師曰。如今了了見性。云何不得解脫。曰。如今必不可。須經三大阿僧祇劫始得。師曰。阿僧祇劫還有數否。源抗聲曰。將賊比解脫。道理得通否。師曰。闍梨自不解道。不可障一切人解。自眼不開。瞋一切人見物。源作色而去云。雖老渾無道。師曰。即行去者是汝道。講止觀慧座主問。禪師辯得魔否。師曰。起心是天魔。不起心是陰魔。或起不起是煩惱魔。我正法中無如是事。曰。一心三觀義又如何。師曰。過去心已過去。未來心未至。現在心無住。於其中間。更用何心起觀。曰。

禪師不解止觀。師曰座主解否。曰解。師曰。如智者大師。說止破止。說觀破觀。住止沒生死。住觀心神亂。為當將心止心。為復起心觀觀。若有心觀。是常見法。若無心觀。是斷見法。亦有亦無。成二見法。請座主子細說看。曰。若如是問。俱說不得也。師曰。何曾止觀。

人問般若大否。師曰大。曰幾許大。師曰。無邊際。曰般若小否。師曰小。曰幾許小。師曰看不見。曰何處是。師曰何處不是。

維摩座主問。經云。諸菩薩各入不二法門。維摩默然。是究竟否。師曰。未是究竟。聖意若盡。第三卷更說何事。座主良久曰。請禪師為說未究竟之意。師曰。如經第一卷。是引眾呼十大弟子住心。第二諸菩薩各說入不二法門。以言顯於無言。文殊以無言顯於無言。維摩不以言。不以無言。故默然收前言也 第三卷。從默然起說。又顯神通作用。座主會麼。曰奇怪如是。師曰。亦未如是。曰何故未是。師曰且破人執情。作如此說。若據經意。只說色心空寂。令見本性。教且偽行入真行。莫向言語紙墨上討意度。但會淨名兩字便得。淨者本體也。名者迹用也。從本體起迹用。從迹用歸本體。體用不二。本迹非殊。所以古人道。本迹雖殊。不思議一也。亦非一。若識淨名兩字假號。更說什麼究竟與不究竟。無前無後。非本非末。非淨非名。只示衆生本性不思議解脫。若不見性人。終身不見理。

僧問萬法盡空。識性亦爾。譬如水泡。一散更無再合。身死更不再生。即是空無。何處更有識性。師曰。泡因水有。泡散可即無水。

身因性起。身死豈言性滅。曰既言有性。將出來看。師曰。汝信有明朝否。曰信。師曰。我將明朝來看。曰明朝實是有。如今不可得。師曰。明朝不可得。不是無明朝。汝自不見性。不可是無性。今見著衣喫飯。行住坐臥。對面不識。可謂愚迷。汝欲見明朝。與今日不異。將性滅性。萬劫終不見。亦如有人不見日。不是無日。

講青龍疏座主問。經云。無法可說。是名說法。禪師如何體會。師曰。為般若體畢竟清淨。無有一物可得。是名無法。即於般若空寂體中。具河沙之用。即無事不知。是名說法。故云無法可說。是名說法。

講華嚴座主問。禪師信無情是佛否。師曰。不信。若無情是佛者。活人應不如死人。死驢死狗。亦應勝於活人。經云佛身者即法身也。從戒定慧生。從三明六通生。從一切善法生。若說無情是佛者。大德如今便死。應作佛去。

有法師問。持般若經最多功德。師還信否。師曰不信。曰若爾。靈驗傳十餘卷。皆不堪信也。師曰。生人持孝。自有感應。非是白骨能有感應。經是文字紙墨。文字紙墨性空。何處有靈驗。靈驗者在持經人用心。所以神通感物。試將一卷經安著案上。無人受持。自能有靈驗否。

僧問。未審一切名相及法相。語之與默。如何通會。即得無前後。師曰。一念起時。本來無相無名。何得說有前後。不了名相本淨。妄計有前有後。夫名相關鑰。非智鑰不能開。中道者病在中道。二邊者病在二邊。不知現用是無等等法身。迷悟得失。常人之法。自起生滅。埋沒正智。或斷煩惱。或求菩提。背却般若。

人問律師何故不信禪。師曰。理幽難顯。名相易持。不見性者。所以不信。若見性者。號之為佛。識佛之人。方能信入。佛不遠人。而人遠佛。佛是心作。迷人向文字中求。悟人向心而覺。迷人修因待果。悟人了無心相。迷人執物守我為己。悟人般若應用見前。

愚人執空執有生滯。智人見性了相靈通。乾慧辯者口疲。大智體了心泰。菩薩觸物斯照。聲聞怕境昧心。悟者日用無生。迷人見前隔佛。

人問如何得神通去。師曰。神性靈通遍周沙界。山河石壁去來無礙。剎那萬里。往返無蹤。火不能燒。水不能溺。愚人自無心智。欲得四大飛空。經云。取相凡夫。隨宜為說。

心無形相。即是微妙色身。無相即是實相。實相體空。喚作虛空無邊身。萬行莊嚴。故云功德法身。即此法身。是萬行之本。隨用立名。實而言之。只是清淨法身也。

人問一心修道。過去業障得消滅否。師曰。不見性人。未得消滅。若見性人。如日照霜雪。又見性人。猶如積草等須彌山。只用一星之火。業障如草。智慧似火。曰云何得知業障盡。師曰。見前心通。前後生事。猶如對見。前佛後佛。萬法同時。經云。一念知一切法是道場。成就一切智故。

有行者問。云何得住正法。師曰。求住正法者是邪。何以故。法無邪正故。曰。云何得作佛去。師曰。不用捨衆生心。但莫污染自性。經云。心佛及衆生。是三無差別。曰。若如是解者。得解脫否。師曰。本自無縛。不用求解。

法過語言文字。不用數句中求。法非過現未來。不可以因果中契。法過一切。不可比對。法身無象。應物現形。非離世間而求解脫。

僧問何者是般若。師曰。汝疑不是者說說看。又問云何得見性。師曰。見即是性。無性不能見。又問如何是修行。師曰。但莫汚染自性。即是修行。莫自欺誑。即是修行。大用現前。即是無等等法身。又問。性中有惡否。
師曰。此中善亦不立。曰善惡俱不立。將心
何處用。師曰。將心用心。是大顛倒。曰作麼
生即是。師曰無作麼生。亦無可是。
人問有人乘船船底刺殺螺蜆。為是人受
罪。為復船當罪。師曰。人船兩無心。罪正在
汝。譬如狂風折樹損命。無作者無受者。世
界之中。無非眾生受苦處。

僧問。未審託情勢。指境勢。語默勢。乃至揚眉動目等勢。如何得通會於一念間。師曰。無有性外事。用妙者。動寂俱妙。心真者。語默總真。會道者。行住坐卧是道。為迷自性。萬惑滋生。又問。如何是法有宗旨。師曰。隨其所立。即有衆義。文殊於無住本立一切法。曰。莫同太虛否。師曰。汝怕同太虛否。曰怕。師曰。解怕者不同太虛。又問言方不及

處。如何得解。師曰。汝今正說時。疑何處不
及。
有宿德十餘人同問。經云。破滅佛法。未審
佛法可破滅否。師曰。凡夫外道。謂佛法可
破滅。二乘人謂不可破滅。我正法中。無此
二見。若論正法。非但凡夫外道。未至佛地
者。二乘亦是惡人。又問。眞法幻法空法非
空法。各有種性否。師曰。夫法雖無種性。應

物俱現。心幻也。一切俱幻。若有一法不是幻者。幻即有定。心空也。一切皆空。若有一法不空。空義不立。迷時人逐法。悟時法由人。如森羅萬象至空而極。百川衆流。至海而極。一切賢聖至佛而極。十二分經。五部毗尼。五圍陀論。至心而極。心者是總持之妙本。萬法之洪源。亦名大智慧藏。無住涅槃。百千萬名。盡心之異號耳。又問如何是幻。師曰。幻無定相。如旋火輪。如乾闥婆城。如機關木人。如陽燄。如空華。俱無實法。又問何名大幻師。師曰。心名大幻師。身為大幻城。名相為大幻衣食。河沙世界。無有幻外事。凡夫不識幻。處處迷幻業。聲聞怕幻境。昧心而入寂。菩薩識幻法。達幻體。不拘一切名相。佛是大幻師。轉大幻法輪。成大幻涅槃。轉幻生滅。得不生不滅。轉河沙穢土。成清淨法界。

僧問何故不許誦經。喚作客語。師曰。如鸚鵡只學人言。不得人意。經傳佛意。不得佛意而但誦。是學語人。所以不許。曰不可離文字言語別有意耶。師曰。汝如是說。亦是學語。曰同是語言。何偏不許。師曰。汝今諦聽。經有明文。我所說者。義語非文。衆生說者。文語非義。得意者越於浮言。悟理者超

於文字。法過語言文字。何向數句中求。是
以發菩提者。得意而忘言。悟理而遺教。亦
猶得魚忘筌。得兔忘罤也。
有法師問。念佛是有相大乘。禪師意如何。
師曰。無相猶非大乘。何況有相。經云。取相
凡夫。隨宜為說。又問。願生淨土。未審實有
淨土否。師曰。經云。欲得淨土。當淨其心。隨
其心淨。即佛土淨。若心清淨。所在之處。皆

為淨土。譬如生國王家。決定紹王業。發心向佛道。是生淨佛國。其心若不淨。在所生處。皆是穢土。淨穢在心。不在國土。又問。每聞說道。未審何人能見。師曰。有慧眼者能見。曰。甚樂大乘。如何學得。師曰。悟即得。不悟不得。曰。如何得悟去。師曰。但諦觀。曰似何物。師曰。無物似。曰。應是畢竟空。師曰。空無畢竟。曰。應是有。師曰。有而無相。曰不悟如何。師曰。大德自不悟。亦無人相障。
又問。佛法在於三際否。師曰。見在無相。不
在其外。應用無窮。不在於內。中間無住處。
三際不可得。曰此言大混。師曰。汝正說混
之一字時。在內外否。曰弟子究檢內外無
蹤跡。師曰。若無蹤跡。明知上來語不混。曰
如何得作佛。師曰。是心即佛。是心作佛。曰
衆生入地獄。佛性入否。師曰如今正作惡

時。更有善否。曰無。師曰。衆生入地獄。佛性亦如是。曰一切衆生皆有佛性如何。師曰。作佛用是佛性。作賊用是賊性。作衆生用是衆生性。性無形相。隨用立名。經云。一切聖賢。皆以無為法而有差別。

僧問。何者是佛。師曰。離心之外。即無有佛。曰何者是法身。師曰。心是法身。謂能生萬法。故號法界之身。起信論云。所言法者。謂衆生心。即依此心。顯示摩訶衍義。又問何名有大經卷。內在一微塵。師曰。智慧是經卷。經云。有大經卷。量等三千大千界。內在一微塵中。一塵者。是一念心塵也。故云一念塵中。演出河沙偈。時人自不識。又問。何名大義城。何名大義王。師曰。身為大義城。心為大義王。經云。多聞者善於義。不善於言說。言說生滅。義不生滅。義無形相。

在言說之外。心為大經卷。心為大義王。若不了了識心者。不名善義。只是學語人也。又問。般若經云。度九類眾生。皆入無餘涅槃。又云。實無眾生得滅度者。此兩段經文。如何通會。前後人說皆云。實度眾生。而不取眾生相。常疑未決。請師為說。師曰。九類眾生。一身具足。隨造隨成。是故無明為卵生。煩惱包裹為胎生。愛水浸潤為濕生。倏起煩惱為化生。悟即是佛。迷號眾生。菩薩只以念念心為眾生。若了念念心體空。名為度眾生也。智者於自本際上度於未形。未形既空。即知實無眾生得滅度者。

僧問。言語是心否。師曰。言語是緣。不是心。曰離緣何者是心。師曰。離言語無心。曰離言語既無心。若為是心。師曰心無形相。非離言語。非不離言語。心常湛然。應用自在。

祖師云。若了心非心。始解心心法。

僧問。如何是定慧等學。師曰。定是體。慧是用。從定起慧。從慧歸定。如水與波。一體更無前後。名定慧等學。夫出家兒莫尋言逐語。行住坐臥。並是汝性用。什麼處與道不相應。且住一時休歇去。若不隨外境之風。性水常自湛湛。無事珍重。

頓悟入道要門論卷下

初祖菩提達磨大師安心法門附 出聯燈會要

迷時人逐法。解時法逐人。解時識攝色。迷時色攝識。但有心分別計校自心現量者。悉皆是夢。若識心寂滅。無一切念處。是名正覺。問云何自心現量。答見一切法有。有不自有。自心計作有。見一切法無。無不自無。自心計作無。乃至一切法亦如是。並是自心計作有。自心計作無。又若人造一切罪。自見己之法王。即得解脫。若從事上得解者氣力壯。從事中見法者。即處處不失念。從文字解者氣力弱。即事即法者深。從汝種種運為跳踉顛蹶。悉不出法界。若以法界入法界。即是癡人。凡有施為。皆不出法界心。何以故。心體是法界故。問世間人種種學問。云何不得道。答由見己故。所以不得道。己者我也。至人逢苦不憂。遇樂不喜。由不見己故。所以不知苦樂。由亡己故。
得至虛無。己尚自亡。更有何物而不亡也。
問說法既空。阿誰修道。答有阿誰須修道。
若無阿誰。即不須修道。阿誰者亦我也。若
無我者。逢物不生是非。是者我自是。而物
非是也。非者我自非。而物非非也。即心無
心。是為通達佛道。即物不起見。是名達道。
逢物直達。知其本源。此人慧眼開。智者任

物不任己。即無取捨違順。愚人任己不任物。即有取捨違順。不見一物。名為見道。不行一物。名為行道。即一切處無處。即作處無作處。無作法。即見佛。若見相時。即一切處見鬼。取相故。墮地獄。觀法故。得解脫。若見憶想分別。即受鑊湯鑪炭等事。現見生死相。若見法界性。即涅槃性。無憶相分別。即是法界性。心非色。故非有。用而不廢。故非無。又用而常空。故非有。空而常用。故非無。

昔披閱祖燈至大珠和尚傳云有頓悟入道要門論一卷思仰之久未如所願後於洪武己酉歲從壞篋中得一故冊信手展卷隨覽數分如熱得涼踴躍歡喜不能自勝方視其首即斯論也復詳披究見其義理質直詣實如飲醍醐如

得至寶後較諸錄得無差謬所願既獲不敢私祕願與一切眾生同霑法味復綴諸宗所問語錄一卷於後畧分上下共成一冊并達磨大師安心法門附於卷末總名曰頓悟要門謹捐布帛命工繡梓垂於不朽流布十方使天下學佛之士各各了知正修行路不墮邪見頓悟自心咸開佛慧實叶之所志願矣

洪武七年歲在甲寅春三月丙戌日比
丘妙叶焚香稽首拜題

後序

曩閱傳燈錄至大珠海禪師自初見馬祖
及接人機語以至泛應諸宗所問使之結
舌喪氣心悦誠服處未嘗不為之慶快而
不已蓋師之言一本於經律論之要旨而
即事即理全體全用以發明向上一機殺

活予奪縱橫逆順無不合轍而還源也所
撰頓悟入道要門論昔既盛行年來殊不
多見近四明比丘妙叶來言嘗得此論洎
他語共一編於弊篋斷簡中寧敢私淑樂
與叢林共之輒罄已長俾工復鋟諸梓顧
一言識其後且由新板之文自一至六凡
六葉以示然嘗鼎一臠又何待覩其全書
噫大珠此編語言文字耶非耶謂其語言

文字則道非語言文字謂其非語言文字
而三藏之文了了在目與此老胸襟流出
者融會貫攝羅列而前陳其間或自謂我
不會禪並無一法可示於人看他此等語
直是作賊人心虛盡情抖擻不下所以今
日不免被人再加塗抹後之覽者若於焉
祖所謂大珠圓明光透自在無遮障處當
下著得精彩則隨色摩尼人人無不具足

其或未然滯殼迷封有甚麼數具頂門眼
者試爲辨取
洪武六年歲在癸丑秋九月望日前龍河
比丘萬金書

南懷瑾先生著作簡介

1. 論語別裁（原文加注音）　南懷瑾述著

是中華民國開國以來，闡揚中國固有文化精髓，推古陳新，使現代中國人能夠了解傳統文化的橋樑。它，接續了古今文化隔閡的代溝。

2. 孟子旁通㈠　南懷瑾講述

是繼「論語別裁」後，劃時代的鉅著，爲中華文化留下再生的種子，內容包羅諸子百家思想精華，觸類旁通，驗證五千年來歷史人事，司馬遷謂：「通古今之變，成一家之言。」恰足以讚之。

3. 佛門楹聯廿一副　合篇　南懷瑾著

金粟軒詩話八講

淨名盦詩詞拾零

本書揭開古今詩訣奧秘，法語空靈，禪機雷射，所輯及所作詩詞、楹聯，皆爲千古流傳難得一見之詩林奇嚮。

4.新舊的一代　南懷瑾講述

原名：廿世紀青少年的思想與心理問題。解析了近百年來學術思想的演變，近六十年來的教育問題和現代社會青少年思想問題的根源。

5.定慧初修　袁煥仙　南懷瑾合著

本書收集袁煥仙先生及其門人南懷瑾先生，有關止觀修定修慧的講記，對習禪及修淨土者，提示了正知正見和眞正修行的方法，最適合初學者。

6.靜坐修道與長生不老　南懷瑾著

融合儒、釋、道三家靜坐原理，配合中、西醫學，對於數百年來，各方修道者的修持經驗，予以深入淺出的介紹和解答，揭開幾千年來修持的奧秘。

7.參禪日記（初集，原名：外婆禪）　金滿慈著　南懷瑾批

本書是一位退居異國的老人，參禪修道來安排他晚年生活的實錄，許多修行的功夫和境界，都是女性修道者，最好的借鏡與指導。

8. 參禪日記（續集）　金滿慈著　南懷瑾批

她的日記續集，讓廿世紀的現代人，看到一個活生生的，邁向修道成功的事實例證。

9. 習禪錄影　南懷瑾講述

「羚羊掛角無踪跡，一任東風滿太虛。」本書是禪宗大師南懷瑾先生，歷年來主持禪七的開示語錄，及十方來學的修行報告，您想一睹禪門風範嗎？假此文字因緣，也算空中授受，可乎？

10. 禪話　南懷瑾述著

「山迴迴，水潺潺，片片白雲催犢返；風蕭蕭，雨灑灑，飄飄黃葉止兒啼。」禪話對歷代禪門祖師的公案，給予時代的新語！

11. 金粟軒紀年詩初集　南懷瑾先生著

本書爲南懷瑾先生自十五歲至七十歲，閒居隨感而作詩詞編集而成。詩是他思想情感寄託蘊藏之所在，也是弟子們藉以了解其師生命的橋樑，本編所集，皆清涼塵囂之無上甘露也。

12. 禪與道概論　南懷瑾著

本書說明禪宗宗旨與宗派源流，及其對中國文化之影響。後半部談正統道家及隱士、方士、神仙丹派之思想來源和內容，可稱照明學術界的方外書。

13. 楞嚴大義今釋　南懷瑾著

「自從一讀楞嚴後，不看人間糟粕書」——它是宇宙人生眞理探原的奇書，是入門悟空的一部書，也是抱本修行，閉關修行一直到證果跟在身邊的一部書。

14. 楞伽大義今釋　南懷瑾著

「楞伽印心」，禪宗五祖以前，用它來驗證學人是否開悟，書中有一百零八個人生思想哲學問題，是唯識學寶典。解析唯心、唯物矛盾的佛典。

15. 禪海蠡測　南懷瑾著

本書爲南懷瑾先生傳世經典之作，有關禪宗宗旨、公案、機鋒、證悟宗師授受、神通妙用，及其與丹道、密宗、淨土之關係，鈎玄剔要，爲無上菩提大道，鋪了一條上天梯。

16. 維摩精舍叢書　袁煥仙著　南懷瑾合著

散盡億萬家財，行脚遍天下，求法忘軀，大澈大悟，川北禪宗大德塩亭老人煥仙先生，此篇鉅著，分判諸宗門派獨步千古，凡究心三家內典者，不可不讀，南懷瑾先生即其傳法高第也。

17. 歷史的經驗(一)　南懷瑾講述

本書爲南教授外學講記，以經史合參方式，長短經、戰國策爲主，講君臣對待，有無相生、利弊相參的道理，是治世的良典，是領導的藝術，也是撥亂反正難得的寶笈。

18. 道家、密宗與東方神秘學　南懷瑾述著

本書揭開千古修行、成仙、成佛之奧秘，有關道家易經、中醫、與神仙丹道，以及西藏密宗原理和重要密法法本之提示，皆有深入淺出的介紹和批判。

19. 觀音菩薩與觀音法門　南懷瑾等講述

家家彌陀佛，戶戶觀世音，本書收集南懷瑾先生，歷年對觀音法門之講記，及古今大德、顯密二宗對觀音菩薩的看法及觀音修持法門，是學佛的初基，也是求證佛法最直接切入的方便法門

20. 金剛經別講　南懷瑾講述（暫停印刷）

金剛決疑，金剛印心，「金剛經別講」以現代化、生活化的方式，活活潑潑地，讓現代人不論是初學佛或老參同修，都能隨其深淺，各得勝解。書後附有南老師的「中國文化與佛學八講」，是最基礎的佛學概論，是最佳結緣入門的階梯，也是簡要直捷的佛法大意鳥瞰。

21. 中國文化泛言（序集）　南懷瑾先生著

本書集中南老師歷年來所寫有關諸書序言，編爲一册，內容精蘊，包含廣泛，於人生學問、修證各方面之見地，高邁今古，迥脫凡塵，揮發儒、釋、道三家思想精華，可藉爲初學入門引導之指南，亦可作爲資深研究者更上之驗證。亦可由此略窺南先生思想精神之大概。

22. 歷史的經驗㈡　南懷瑾講述

張良助劉邦擊敗項羽，統一天下，兵機謀略，大多得自黃石公素書之啓發，素書凡一千三百三十六言，上有秘戒，不許傳于不道、不神、不聖、不賢之人，若傳非其人，必受其殃。得人不傳，亦受其殃。張良之後，此書不知去向，至晉朝，有人盜發張良之墓，於玉枕之處發現此書，自此素書始再傳於世間云云。書後附陰符經及太公三略，皆兵法之宗祖。南先生此篇講記，將三千年來歷史例證，平鋪原經文之後，以便讀者可以經史合參，而對於千古是非成敗之際之因因果果，判然明白，或者以之做爲個人創業，及立身處世之參考。

23. 一個學佛者的基本信念——華嚴經普賢行願品講記　南懷瑾講述

本書將華嚴經普賢行願品的內義闡述無遺，尤其將普賢行願的修持法門直述公開，顯密融通，是歷來講解此經所未曾有者。書後幷附普賢菩薩有關經文及諸佛菩薩行願。

24.禪觀正脈研究　南懷瑾等講述

據佛經記載，釋迦文佛住世時期，有無數修行弟子修行得道證果，何以二千多年來，佛法普及之後，修道者多如牛毛，證果者反而寥寥無幾？此一公案困惑千古行人，原來當初世尊座下弟子，泰半皆從白骨禪觀入手，以為修行之根基，故容易獲得果證。自南師以「禪密要法」為底本，首倡白骨禪觀之修法以來，參修同仁，宿業漸消，疾病多癒，禪觀定力亦日有更進。因之懇請南師首肯，乃將當初講記整理出書，以為修道行人之參考，由於後半部尚待校正及補充資料，故先出版上冊先行流通。

25.中國佛教發展史略述　南懷瑾先生著

本書從印度佛教起源，談至佛法傳入中國時的現況，以迄於民國後的佛教界，對於研究佛教歷史淵源及禪宗叢林制度的學者，本書提供了清晰的史料和線索，書後并附禪宗叢林制度與中國社會全文。

26.中國道教發展史略述　南懷瑾先生著

幾千年來道教的歷史演變，由學術思想、宗教型式及修煉內涵三方面，以及宗教及科學兩個層次，公平的批判解析道教存在的歷史原因，和它偉大的貢獻和價值，並預言未來道教所應發展的方向。

27. 老子他説（上）　南懷瑾先生述著

老子其猶龍乎？南師懷瑾先生在本書中以經史合參，以經解經的方式，藉著老子自證的現身説法，刻劃出中國文化中道家隱士思想在歷史巨變中影響時世偉大磅礴光輝燦爛的一面。同時發揮了幾千年來書院學者所不知、不能言及的道德內蘊。老子他説，他説老子，這是領袖之學，這是修養的極致，有心文化者，有心領導事功者，有心修道成聖者，不可不一讀！再讀！

28. 易經雜説——易經哲學之研究　南懷瑾先生講述

南師懷瑾先生精通易理，社會大衆往往有稱讚其爲「當今易學大師」者，然其講解易經課程，卻是深入淺出，平易近人，幾乎把高深的易理説得人人都懂，還有他異於古今學者獨特的妙悟勝解，説是綜羅百家精要亦可，説是成一家之言亦可。本書爲其隨心所講的講記，整編而成，相信必大有助於初學易者及深研易者之啓發。

29. 如何修證佛法　南懷瑾先生講述

您知道學佛修行須依持那三個綱要？大乘必須以小乘作基礎，小乘的修法如何修呢？那個法門最易成就呢？修持只爲得定嗎？定是什麼？如何得定呢？修行中會有那些情況與歧路呢？楞嚴經所講的五十種陰魔境界裏，卻蘊藏著修行解脱程序的大秘密？這是南懷瑾先生花了幾十年的時間才發現的秘密，在此公開，請修行同道好好珍惜！